新编中等职业教

旅游类专业系列教材

形体训练

（第2版）

主　编　符　敏

副主编　谭　华　周智杰

重庆大学出版社

内容提要

为了更好地针对旅游服务行业需要,高标准地培养旅游服务人员,使学生的基本姿态更标准,服务姿态更优美,外形气质风度更迷人,我们编写了本书。本书综合了国内外形体训练的最新知识,以及编者多年的形体训练教学经验,图文并茂,在内容上强调理论性和实用性,尤其强调训练的可操作性,并且配有学习光盘,能更好地帮助学生理解掌握知识。具体内容包括:绪论、青少年形体训练与卫生保健、体型训练、体态训练、基本姿态训练、服务姿态训练、不良体态的纠正、服装和佩饰与形体的关系、导游服务中常见的舞蹈等,共9章。

本书可作为中等职业学校旅游服务类专业的教材,也可作为旅游从业人员的形体训练参考书。

图书在版编目(CIP)数据

形体训练/符敏主编.—2版.—重庆:重庆大学
出版社,2016.7(2025.1重印)
新编中等职业教育旅游类专业系列教材
ISBN 978-7-5624-9769-1

Ⅰ.①形… Ⅱ.①符… Ⅲ.①形体—健身运动—中等
专业学校—教材 Ⅳ.①G831.3

中国版本图书馆 CIP 数据核字(2016)第 106640 号

新编中等职业教育旅游类专业系列教材
形体训练
(第2版)

主 编 符 敏
副主编 谭 华 周智杰
责任编辑:马 宁 版式设计:马 宁
责任校对:秦巴达 责任印制:张 策
*
重庆大学出版社出版发行
出版人:陈晓阳
社址:重庆市沙坪坝区大学城西路 21 号
邮编:401331
电话:(023)88617190 88617185(中小学)
传真:(023)88617186 88617166
网址:http://www.cqup.com.cn
邮箱:fxk@cqup.com.cn(营销中心)
全国新华书店经销
重庆升光电力印务有限公司印刷
*
开本:720mm×960mm 1/16 印张:13.5 字数:235 千
2016 年 7 月第 2 版 2025 年 1 月第 11 次印刷
ISBN 978-7-5624-9769-1 定价:39.00 元

第2版前言

　　《形体训练》课是中等旅游职业学校旅游服务类专业的一门必修课,由于现今旅游行业蓬勃发展,市场竞争也日趋激烈,使得旅游服务行业对人才素质的要求越来越高,这就要求学校培养的人才必须内外兼顾,也就是无论在外形还是在专业知识方面都是出色的。鉴于此,各校对《形体训练》的课程要求就明显提高,因此,为适应市场需求的变化,我们编写了《形体训练》一书,目的是能更好地针对旅游服务行业的需要,高标准地培养旅游服务人员,使学生基本姿态更标准,服务姿态更优美,外形气质风度更迷人。

　　本书综合了国内外形体训练的最新知识,以及编者多年的形体训练教学经验,在内容上强调理论性和实用性,侧重于旅游职业的服务特色,尤其强调训练的可操作性,是旅游职业学校学生进行形体训练的学习教材,也是旅游行业人员不可多得的形体训练参考书。本书图文并茂,并配有学习碟片,能更好地帮助学习者理解知识。

　　本书主编符敏,副主编谭华、周智杰。参加编写人员石蕾、李天舒、杨叔毅。具体编写分工为:云南旅游职业学院符敏(第1,5章),杨叔毅(第2章),李天舒(第3章),四川省旅游学校谭华(第4,7章),湖北省旅游学校周智杰(第6,8章),四川省旅游学校石蕾(第9章)。本书提纲拟定由主编和副主编共同完成,全书由符敏总纂。本书在编写过程中得到了有关部门、学校领导、教师和学生的大力支持,特别是云南旅游职业学院的老师袁浩镛、李嘉欣,学生武虹婷、彭俐铭;四川省旅游学校的兰兰、刘丹;湖北省旅游学校的黄知力以及成都信息工程学院银杏酒店管理学院李沁、汤妮、喻利国、黄莎等同学无私的协助,在此一并致谢。

　　由于编者水平有限,编写过程中的错误或疏忽在所难免,恳望广大读者阅后批评指正,以便及时修订。

编　者
2016 年 2 月

第1章 绪 论

【本章导读】

　　形体训练是塑造形体美的一门学科,本章着重介绍了形体训练的内容、形体美的标准以及形体训练的目的、要求和作用。了解并掌握本章内容,能使我们对形体训练有一个比较概略的认识。

【关键词】

　　形体训练　形体美　标准　姿态　要求　作用

　　千百年来,人们一直追崇着、讨论着人体所特有的美,并孜孜不倦地寻找、学习各种能充实锻炼自己,使之更加美丽的方法。由此应运而生了一门学科——形体训练。形体训练是通过徒手或器械的练习,有目的、有计划地塑造体型,训练仪态、培养气质的过程。其目的是塑造符合社会审美要求的形体。什么样的人才是最美的? 通常人们把一个人的美分为外在美和内在美。外在美指的是人体外部形态所表现出的肢体形状、身体各部分静态和动态等展现的美,也称为形体美;内在美指的是思想道德、修养、行为、语言等方面的美。要实现内外美的完美融合,在现实生活中可以说是相当不易的。正因如此,人们才不断地去追求和探索。由于外在美看得见,也更易通过一些手段实现,因此,在现实生活中,人们更重视对外在美的追求,也就是对形体美的追求。

1.1　形体美的概念与标准

1.1.1　形体美的概念

　　形体美是指在社会评价体系的基础上对一个人的体型、体态、仪态、气质等作出的综合评价。它是社会审美标准的一种体现。古人云:"站如松,坐如钟,行如风。"这只不过是形体美的最基本要求。现代对形体美的要求是:具有健康的身体,健硕的体型,优美的姿态,潇洒的风度,高雅的气质,这是一个人外在美的重要标志。

健康是自然美的基础,也是形体美的首要条件。匀称的肢体、优美的曲线,只有在健康的基础上,才能表现出生机勃勃、精力充沛、富有生命力的人体美。

优美的体型是自然美的重要标志。体型是指人体的外形特征与体格类型。体型与先天遗传有关,但体型可以通过后天锻炼发生改变。

姿态美是人体美的主要表现形式。它是指人体在静止或活动中所表现出的各种身体姿势以及形态、神情等方面的美。姿态美是一种自然美,人们在人体的站、坐、行、动等基本姿态中都能感受到。因此,优美的姿态一直是人们追崇的目标。

气质是形体美的核心。它是修养的化身,包括了一个人具备的所有素养。它是人相对稳定的个性特点、风格和气度的反映。一个有高雅气质的人,必将是一个外在美和内在美兼备的人。气质是在对美好事物不断地追求和吸取中获得的。因此,全方位的获取知识、陶冶情操、磨炼自己、提高修养,才能培养出高雅的气质和风度,才能使形体美更具有魅力。

对于形体美的标准,由于时代不同,文化程度、社会经历以及职业、性别、年龄、民族等的差异,对美的看法都会有所不同,因此没有一个特定的标准。结合我国人群的体质和体型的现状,形体美的基本标准是:

①体型:骨骼发育正常,关节不显粗大突出;肌肉均匀,皮下脂肪适当;五官端正,头部与躯干配合协调;双肩对称,男宽女圆;脊柱正看垂直,侧看曲度正常;男性胸廓隆起,呈倒三角形;女性胸廓丰满,曲线明显;腰细而结实,微呈圆柱形;腹部扁平,男性腹肌垒块隐现;臀部圆润;腿修长,双腿能并拢,肌肉线条柔和,小腿腓肠肌稍突出;足弓高。

②体态:立:抬头挺胸;收颏立颈;沉肩拎腰;收腹提气;夹臀并腿;闭唇微笑。走:肩松弛;摆臂自然;腰胯配合协调;步履轻盈;直线平移。坐:上体自然挺直;双腿摆放得当;优雅端庄。动:动作轻盈柔美;举止得体;衣着雅致。

1.1.2　女性形体美的标准

女性由于身体结构和生理机能以及心理等方面的原因,表现出了更多的形体美。姿态和曲线是女性形体美的重要标志。

1) 女性曲线美

按照现代社会对人体美的评价标准,女性的体型应该具有 S 流线型。身体各部分的比例适当,线条优美,丰满而不肥胖,苗条而不瘦弱。

胸廓乳房的丰满和挺拔是构成女性曲线美的主要标志。乳房应在适度发达的胸肌依托下,丰满而富有弹性,从而构成胸部优美的曲线。过度肥大、松弛或干瘪的乳房将影响女性的美丽。

平坦坚实的腹部和苗条的腰部是曲线美的又一标志。腰是一个开放而又敏感的部位,它承上启下,有蜿蜒施展之妙。女性通过腰胯的移动,展现出人体的 S 形曲线,传递着万种风情。因此,腰不仅要"纤细",还要略带椭圆,从正面看应是扁圆的。如果腰腹部堆积过多皮下脂肪,会使人看起来很臃肿,曲线玲珑之美就会荡然无存。

丰满圆翘的臀部同样也是曲线美的标志。臀部之美在于浑圆而充满韵味的隆起、丰满、圆滑、细腻和富有弹性以及在运动中上下错落的动感。肥大、瘦小、瘪陷下垂的臀部都有损于形体美。国际上公认,美女的腰围与臀围之比应为0.7。这能让曲线更为突出,形体更富有魅力。

修长丰盈柔润的四肢是形体美不可缺少的一部分。研究表明,理想的腿型是:腿部应略长于躯干,大腿丰而短,小腿劲而长。双腿并拢时,双腿间只有大腿中部、膝关节、小腿肚和脚跟四点接触。丰隆有致、健康明朗的腿型是展示女性柔媚、含蓄、高贵的依托。

2) 优美典雅的姿态

姿态是评价女性美丽的另一把标尺。姿态不经意间透露出你的动感美、风度、气质、修养、韵味,它往往是人们形象定位的基础。姿态包括了站、走、坐、蹲、表情、肢体动作。美的姿态传递着自信、友好、热情的信息,显示出高雅庄重的良好风范。风姿绰约、妩媚动人、活泼大方、稳重善良、摇曳生姿、轻盈柔美、仪态万方、淡雅脱俗等都很好地描述了姿态所展现的美。然而要想把这些赞美之词归于一身,不仅需要苦练姿态外功,同时还需要苦练文化内功。只有内外皆秀,女性才能在张弛有度中、在理性与感性交融中显示出特殊的韵味。

1.1.3 男性形体美的标准

男性的形体美用一个词——"雄健",就能够很好地概括。目前对男性形体的要求是:身高适中、身材匀称、小腿修长、围大体壮、体脂较少、肌肉发达、呈倒三角形体型。因此,男性要突出胸、背、肩的训练,使胸背丰厚,肩膀宽阔,给人以强壮有力的精神感觉。同时在体态上,男性应更多地表现出阳刚、粗犷、果断的特征。

1.2 形体训练的目的、任务和要求

1.2.1 形体训练的目的

随着旅游业的发展,对优质服务的追求迫使经营者对从业人员的形体和仪态提出了更高的要求,为此,旅游中等专业学校根据学校的培养目标及职业要求,针对学生年龄段的特点,通过形体训练有目的地塑造学生优美的形体和体态,培养其鉴赏和表现形体美的能力,使学生逐步养成良好的职业素养,为今后从事旅游业工作奠定良好的从业形体及相关理论知识。

1.2.2 形体训练的任务

1)对身体进行全面训练,塑造优美形体

青春期是身体发育的重要时期,也是塑造优美形体的最佳时期。此时身体各部位都在发育,身体的可塑性极大。因此,合理安排训练内容,对身体进行全面综合的训练,使身体形态和结构得到协调发展,从而达到塑造优美形体的目的。

2)掌握形体训练的基本知识

优美的形体和仪态必须经过长期的练习才能塑造、稳固下来。为此,掌握形体训练的基本知识,学会科学的形体训练方法,养成终身锻炼身体的习惯是形体训练必须完成的一项重要任务。

3)培养良好的职业道德观

形体训练是和美紧密结合的,练习者的举手投足都蕴含了美的韵味,但是仅有外在美是不够的。只有外在美和内在美完美的统一,才能造就优雅大方的美丽。因此,在教学中要注意培养讲文明、讲礼貌、遵纪守法、保护环境、爱护公物、助人为乐的社会公德习惯,以及爱岗敬业、诚实守信、热情服务的职业道德观,使

之和外在的形体美完美地结合,为走入社会奠定良好的职业素养。

4)加强审美意识,树立正确的审美观

审美是人的精神生活的需要,审美意识是人主观对客观存在的美丑属性的反映,它包括人的审美感觉、认识、感情、经验、趣味、观点和理想等。生活中可以说美无处不在,发现、感受、评价和欣赏美是每个人应具备的能力。形体训练要根据它特殊的教学内容及对美的追求,在教学中通过一定方式、器械及动作组合,培养练习者正确的、健康的审美情趣,准确辨别美、区别美的程度,鉴别美的种类,发掘美的本质,在练习中不断加强审美意识锻炼,树立正确的审美观,提高欣赏、感受、表现和创造美的能力。

1.2.3 形体训练的要求

为了更好地实现形体训练的目的和任务,参加训练时要求做到:

1)对个人基本情况要全面掌握

形体训练是针对个人身体进行,以改变改善身体形态为目的,为此在训练前要充分了解个人的情况,对自己的身体外形各项指标和身体协调能力等方面要有一个全面了解,这样在练习时就能更好地结合自己的情况,在保证完成每次训练任务的同时,完善自己。

2)必须遵循循序渐进的规律

任何知识、动作的学习都是由浅入深的,形体训练也不例外。优美的姿态来源于基础的站、走、坐等单一的动作配合,而站、走、坐的好坏又离不开身体骨骼、肌肉、各关节及柔韧的支持。为此必须充分认识到基础练习的重要性,从身体素质、单一动作练起,循序渐进塑造完美体型。

3)坚持课外练习

要改变一个长期养成的动作习惯,想靠一两次课或者靠课上练习来达到改变的目的是不可能的。课堂训练只是实现形体训练目的、任务的一个重要环节。为此要想改变自己不良的身体形态,必须把训练渗透个人生活中。应在课余时间按照已掌握的练习方法积极地进行练习,这样收效才快。

4)要有良好的心理素质

形体训练的过程是一个客观认识自我、改变自我、获取如何展现自己的能力及建立、培养和巩固自信心的教学过程。在练习时每个人都将面临来自不同方

向(体态状况、掌握动作快慢、表现力等)的比较及评价,为此需要练习者保持良好的心态来面对自己的不足,正确评价自己,不断提高、改进、改善动作质量,树立自信,在教学过程中以良好的心态接受来自老师、同学、环境及动作对心理和身体的考验。

1.3　形体训练的作用

1.3.1　改善体型体态,矫正畸形

自古以来人们对体型体态就很重视,威武强健、帅气、亭亭玉立、婀娜多姿等对体型体态的赞美之词弥漫在不同时期不同阶层的生活中。人的体型是由骨骼、关节和肌肉组成的。骨骼和肌肉在全身各部位的比例是否匀称协调、平衡、和谐以及肌肉线条是否优美,决定了一个人的体型。而整个身体及各主要部位的姿态是否端庄优美,又决定了一个人的体态,同时体态的好坏也可能影响到某些骨骼的正常生长发育,如脊柱。

形体训练的独到之处在于它的各个动作能给予身体某些部位的生长发育以巨大影响,促使骨骼的生长和肌肉的发展,对身体的比例及各部位间的协调配合产生积极的影响。科学、系统、针对性的形体训练,可减少肌肉中的脂肪含量,达到消脂减脂的目的,从而更有效地改善人体形态,使体态变得丰满,线条优美,明朗多姿,秀丽动人。同时,由于形体训练有许多伸展性的练习,它能使关节囊、韧带和关节周围肌肉群伸展性增大,可提高关节的灵活性,增强肌肉弹性,使软骨韧带肌腱等结缔组织富有弹性。对青少年来说持之以恒的对肌肉、骨骼、关节、韧带进行良好的刺激,可以促进骨骼软骨的生长,有助于青少年身体长高,促使骨骼更为紧密、结实。对增强骨的抗折、抗压和抗扭能力有很大的帮助。此外,通过经常性正确的形体动作训练,能矫正不正确的身体姿势(如脊柱侧屈,含胸驼背,O形腿、八字脚等),培养正确端正的体态,使练习者的形体和举止风度都发生良好的变化。

1.3.2　培养高雅的气质和风度

气质是人在活动中表现出的典型、稳定的心理特征,它是外在美和内在美的

结合体。而风度是人的言谈、举止、态度的良好表现。它们都不会因时间的流逝而荡然无存,总是随时随地自然地流露出来。气质和风度在男女之间的表现形式又有所不同,男性表现为阳刚、粗犷、果断、稳重、含蓄、潇洒大度;女性表现为慧美、典雅、婉约、恬静、温柔、善解人意。

在形体训练中,我们不仅可以塑造优美的体型,同时也能通过体态训练培养个人高雅的气质和潇洒的风度。体态训练除了对练习者静、动时的美有着不同寻常的"刻画",对练习者的心灵也起到了潜移默化的熏陶和净化。优雅的举止通过日久的练习,会逐渐融入生命中。亚洲很有魅力的女性羽西说过:懂得了什么是正确的体态后,加以练习,直到有一天,不管出入任何场合,都不用在意怎么坐、怎么站、怎么做某些动作。因为你已经完全自如了。优雅大方的动作已成为你的一部分,成为你气质的一部分。由此可以看出高雅的气质和潇洒的风度是可以通过体态训练获得的。当然,体态只是气质和风度的外在表现和依托,气质和风度的养成只有通过内外兼修才能达到。

1.3.3 增强体质,全面发展身体素质

形体训练对人体的心血管系统、呼吸系统、消化系统和运动系统等内脏器官都有良好的作用。经常参加训练的人可以使心肌增厚,心腔容量增大,血管弹性增强,进而提高心脏的收缩力和血管的舒张能力,使心搏有力,心输出量增加,提高供血能力。这有助于向脑组织供养、供能,提高大脑的思维能力。同时由于身体的运动,体内的需氧量增加,人的呼吸深度被迫加深,这增加了每次呼吸时的气体交换量,使呼吸系统的功能储备量提高,呼吸系统的机能得到改善。另外,适当的运动能加强肠胃蠕动,增进消化,有助于营养物质的吸收和利用。使身体的营养水平、代谢能力和对疾病的抵抗能力得到提高。再者,由于加快了循环系统的功能,更快地向全身细胞提供更多的氧和养料,故能改善新陈代谢,减少脂肪沉积,延缓血管老化,有益于健康。

由于形体训练动作具有静止性、连续性、协调性、节律性、艺术性等特点,需要在人的中枢神经系统高度协调支配下才能完成,因此它能够提高神经过程的强度和集中能力,提高神经系统的均衡性和灵活性,使人视野广阔,感觉敏锐,分析综合能力增强,神经系统的功能得到有效改善,进而提高了人体适应各种环境的能力。

与此同时,由于形体训练的动作方向、路线、速度、类型、力度等的不断变化,促使人的动作记忆力和再现力得到提高,也使身体的耐受能力及肌肉的抗疲劳

能力得到提高,从而使人的协调性、耐力、灵敏性、柔韧、速度、力量等身体素质得到全面的发展。此外,形体训练是在音乐的伴奏下完成的。优美的音乐,轻盈的舞姿,使人的心灵和情操得到陶冶和净化,身心得到全面的放松,经常在这样的氛围下运动,不仅能增强韵律感、节律感,同时能够提高认识美、鉴赏美、表现美、创造美的能力,对改善提高人的精神面貌和气质有很好的作用。

本章小结

通过本章学习,对形体标准和美有了理论上的认识,对形体训练采用的手段和要达到的目的有了充分的了解。这为以后在学习中克服心理和身体的困难奠定了良好的理论和思想基础。

思考题

1.什么是形体美?

2.形体美的标准是什么?

3.形体训练的目的、任务和要求是什么?

4.简述形体训练的作用。

第 2 章
青少年形体训练与卫生保健

【本章导读】

本章通过对人体构造、生理与心理特征、饮食卫生、瘦身训练、运动量安排以及身体对不同营养的需求的介绍,明确了科学的锻炼、科学的饮食是塑造美的必要条件。

【关键词】

肌群　特征　着装　饮食　脂肪　瘦身

美的体型必须建立在科学的体育锻炼、合理卫生的饮食、身体健康的基础上,只有健,才能美。良好的生长发育,是青春、健美的基础。所以,科学的饮食不仅是学生健康的保证,也是使男士拥有健康潇洒的阳刚之美、女子拥有婀娜多姿的温柔之美的必要因素之一。

2.1　青春期生理和心理的特点

中职学生正处在青春发育期的后半期。青春期是人的一生中第二次生长高峰,也是最后一个高峰,是人的发展中最关键的时期。这一时期,人不论是在生理方面,还是在心理方面都飞速地发展。如果这一时期的生长发育良好,会为将来的工作、学习、生活打下坚实的身体基础。了解青春期生理与心理的发展特点,对于科学地从事体育锻炼、增强体质、促进健康是非常重要的。

2.1.1　人体基本知识

人体是由运动系统、神经系统、内分泌系统、循环系统、呼吸系统、消化系统、泌尿系统、生殖系统组成的一个有机的统一整体。这些系统协调配合,使各种复杂的生命活动能够正常进行。运动系统是由骨、骨连结、肌肉所组成,它构成人体的基本轮廓(即人体的形态结构),在神经体液的调节营养下,起到保护、支持和运动的作用。人体分为头、颈、躯干和四肢四大部位。各个部位的结构是非常复杂的。我们只有在充分认识人体运动系统构造的基础上,才能正确理解人的生理现象。

1)人体的物质组成

人体是由水、蛋白质、脂类、糖类和无机盐组成。其占人体百分比为:水 55%~67%;蛋白质 15%~18%;脂类 10%~15%;糖 1%~2%;无机盐 3%~4%。上述 5 类基本物质,再加上维生素,就构成为生命活动的物质基础。为了维持生命活动,人体必须从这 6 大营养素中摄取"能源",缺少任何一种都将造成人体功能异常。

2)人体基本单位

构成人体的基本单位是细胞。在血液中流动的是圆形的血细胞;密集在一起的是上皮细胞;有收缩功能的肌细胞呈菱形或纤维状;接受刺激传导信息冲动的为神经细胞等。较小的细胞如红细胞,直径约为 7 微米;较大的细胞如卵细胞可有 120 微米;特大的脊髓前角神经细胞突可长达 1 米以上。

3)人体运动系统构造

①骨。成人共有 206 块骨,组成人体的支架。成人骨的重量约占体重的 1/5。骨是由骨细胞、胶原纤维及骨基质构成的。骨的形态,一般可分为长骨、短骨、扁骨和不规则骨 4 种。

②骨连结。骨与骨之间借助纤维结缔组织、软骨或骨组织相连,称为骨连结。如椎间盘、骨间的缝连结、关节等。

③肌肉。人体的肌肉可分为平滑肌、心肌和骨骼肌 3 种。每块肌肉由很多肌束集合而成,而每一肌束又由无数肌纤维和肌外膜、肌束膜、肌内膜、血管和神经所组成。血管和神经沿肌外膜进入肌肉,分布到肌纤维之中,具有调节肌肉紧张收缩,供应肌肉所需的营养和代谢的作用。肌肉分布最广的是骨骼肌,有 600 块左右,约占体重的 40%。按分布位置分为头肌、颈肌、躯干肌和四肢肌。头肌由表情肌肌群和咀嚼肌肌群组成。颈肌由浅肌群和深肌群组成。躯干肌由背肌、胸肌和腹肌组成。四肢肌可分为上肢肌和下肢肌。上肢肌由肩肌、上臂肌、前臂肌和手肌构成。下肢肌由髋肌、大腿肌、小腿肌和足肌构成。髋肌又分为前群肌和后群肌,前群肌由髂腰肌(腰大肌、髂肌)和阔筋膜张肌构成,后群肌由臀大肌、臀中肌、臀小肌、梨状肌、闭孔内肌、股方肌和闭孔外肌构成。

2.1.2 青春期生理特征

1）身体形态

生理上的第一大变化是身体形态的变化,身高、体重、胸围均显著增加。青春发育期之前,身高平均每年增长 3~5 厘米。青春发育期,身高每年增长 6~8 厘米,有的甚至增长 10~11 厘米;体重也以每年 5~6 千克的速度迅速增加,有的甚至增长 8~10 千克。大多数男生在身高、体重、胸围等指标都超过女生。

2）生理功能

心血管系统功能趋于稳定;肺活量和通气量增加,具备了发展耐力的生理基础,身体可承受较大强度的运动负荷;神经系统逐步完善,对外界环境的认识能力和适应能力大大提高,动作反应灵活,动作敏捷、协调而准确;肌肉纤维的生长发育由纵向为主向横向发展,肌肉体积增加,弹性加强,力量增强,男女在力量上的差异显著。

3）性发育趋于成熟

性发育是青春期最重要的表现之一,主要标志是第一性征发育成熟,第二性征开始发育。

①男性发育。生殖器官发育迅速,开始长出阴毛、腋毛和胡须,前额变宽,额部发际后移,同时喉结突出,声音变粗而低沉,逐渐形成男性成人面貌。

②女性发育。内外生殖器官迅速发育,乳房膨起增大,同时声音也变得尖细,出现月经周期,阴毛、腋毛出现。第一次月经是女性青春期重要的标志之一,月经初潮一般在 9—16 岁。月经初潮的早晚与气候、生存环境、生活水平、营养状态有关。

2.1.3 青春期心理特征

处于发育期的青少年开始关心自己的内心世界,自我意识突出,独立精神明显加强。思维活动向抽象、概括和注重逻辑判断的方向发展,认知上具有更强的迁移能力,男女性别之间的认识兴趣和方式上有明显的差异。到了发育后期,各个方面逐渐稳定下来,思维活动已经脱离了直接形象和直接经验的限制,有较强的抽象、概括能力,并能形成辩证逻辑思维。与青少年发育初期的情感敏感、强烈而脆弱相比较,已逐渐地学会了控制和调节自己的情绪,外部表现和内心体验不一致,重友谊,意志力增强,能主动、自觉地克服困难。

2.2 青少年形体训练应注意的问题

由于中职学生正处于青春期发育期,身体各部位的可塑性较大,因此在这一时期进行科学的形体训练,对塑造健美体型,培养良好的体态和高雅的气质,提高审美能力,舒缓情绪有着显著的作用。但需注意的是:此时的男女学生在体型上、生理上和心理上都出现了较大差异,因此在形体训练中要有针对性,训练强度和训练的侧重点要有区别,青少年形体训练应注意以下几个问题:

2.2.1 着装

形体训练是针对身体的训练,为此身体的形和态是否能完整无缺地观测到,这对于了解、判断、纠正最终达到训练目的是相当重要的。因此参加形体训练时,服装应从紧身性、保温性、透气性、吸汗性、轻便舒适性和便于运动方面来考虑,棉质且带氨纶的运动服装较适合作为训练服装。鞋最好能穿轻便、富有弹性,具有良好透气性的体操鞋或舞蹈鞋,忌穿皮鞋或硬底鞋锻炼。穿着的袜子应当透气性好、吸汗性强、干净、柔软、有弹性。

2.2.2 心理准备

对于一名即将参加形体训练的学生来说,为了能够在形体训练中获得满意的效果,必须从以下几方面做好心理准备。

1)贵在坚持

爱美,追求美,是人的天性。完美形体的塑造,并非一朝一夕就能完成,它需要付出很多辛勤的汗水。只有坚持不懈、持之以恒地用科学的方法进行锻炼,美才会来到你身边。

2)要自信且务实

每个人在形体上是千差万别的,既有自己的长处,也有自己的短处。这就是人们常讲的"尺有所短、寸有所长。"为此,在训练中常会遇到批评、纠正、表扬、旁观者的态度、悟性、协调能力等多种因素的困扰,这对每一个练习者来说都是一大挑战,因此在训练过程中要树立良好的自信心,正确分析自身存在的问题,客观的评价自己,在此基础上根据自己的年龄、性别特点、身体发育特点,制订适合自己的训练目标,忌好高骛远、盲目、不切合实际的想法,用务实的态度、饱满的热情投入到训练中去。

2.2.3　循序渐进

在形体训练中,目标的制订、内容和手段的选择、方法的运用、负荷大小的安排要由易到难,由简到繁,由浅入深,由小到大,逐步提高。形体的变化是人体机能能力的适应性和有机体发生变化的过程,简单来说就是积累的过程,因此训练一定要循序渐进,只有这样,才能使形体始终朝着自己理想的方向发展,最终到达完美。

2.2.4　训练手段

女性与男性通过形体训练所要达到的效果是不同,女性要达到的是匀称丰满而有曲线的体型,端庄优美的姿态和高雅的气质;而男性要达到的是魁梧、健壮而有曲线的体型,敏捷干练的姿态和潇洒的风度。因此女性形体训练多以柔为主,并配以音乐。音乐对女性展现美、理解美起到较好的辅助作用,这有利于女性柔美姿态和气质的养成。而男性形体训练则以刚为主,突出力度,多以器械练习为主。男性应改变对形体训练的错误理解,形体训练不等同于柔性训练,也不是女性的专利,男女训练目的不同,手段也会不同。

2.2.5　男女各肌群的不同训练要求

1)胸部肌肉的锻炼

①女子胸部肌肉的锻炼。胸部是构成女性曲线美的重点部位。女性美的象征是以丰乳为表现的,故女性胸脯应是隆起的;从正面观略呈 V 形,侧面观应有明显曲线。因此女性胸部锻炼应通过发展脊柱胸部各关节的柔软性、胸部肌肉群和调节乳房位置来实现胸部的塑造。

②男子胸部肌肉的锻炼。人们把挺拔宽厚、线条明显、结实、丰满的胸大肌作为男子形体美的重要标志,故男性锻炼主要是发展胸大肌和胸小肌。

2)腰背、腹部肌肉的锻炼

①女子腰背、腹部肌肉的锻炼。细腰是构成女性曲线美的重要因素(腰围比臀围约细1/3)。女性可以通过发展脊柱腰部各关节的柔韧性及腰肌力量来消除腰部多余的脂肪,实现腰部的健美。女性背部肌群不需要很发达,故背部肌群的锻炼应适度。腹部是体现女性体型美,保持身体窈窕的重点部位,也是脂肪容易堆积的地方。腹部平坦,与腹肌强健有力密不可分,因此,发展腹肌力量是防止与减少腹部脂肪的手段。但是腹肌的锻炼方法不应过多采用动力性的练习方法,以防止腹肌垒块的出现。

②男子背、腰腹部肌群的锻炼。男性背部肌群应是发达的,故男性应加强背部肌群的锻炼。背部面积最大、最有力量的肌肉是背阔肌和斜方肌,背阔肌是使人体成"V"形的主要肌肉,斜方肌是构成健壮肩膀的肌肉,因此,着重加强背阔肌和斜方肌的锻炼,对塑造男性体型是很有益处的。男性腹部肌肉垒块应有隐现,因此必须发展腹直肌和腹外斜肌、腹内斜肌及腰部脊柱两侧的竖脊肌来实现腰腹部的健美。

3)臀部肌群的锻炼

臀部肌群是构成身体曲线的重要肌群,它控制着骨盆的位置。骨盆前倾会造成弯腰驼背的姿势,因此臀部肌群的锻炼在形体训练中相当重要,它是矫正不良姿态的关键之一,也是塑造高挑身材的关键。女性由于骨盆相对男性来说要宽,故脂肪的堆积也相对要容易,因此,要重视并加强对臀部肌群的锻炼。

2.2.6 月经期的锻炼

月经是女性正常的周期性生理现象。少数女性月经前一天和经期内出现轻微的不适感属正常生理现象,一两天就会自行消失,无须停止体育锻炼。研究表明,经期内适当地进行锻炼,能改善人体的功能状态,促进盆腔内血液循环,有利于经期的顺利进行,运动时腹肌和盆肌周围肌肉交替收缩和舒张,有一定的按摩作用,有利于月经的顺利排出。在月经期参加锻炼应注意:适当减轻运动负荷和运动强度,避免剧烈或对身体震动大的运动,特别是避免明显增加腹内压、憋气和静力性的运动,如举重、收腹、俯卧撑,以防止子宫受压位移或造成出血过多,如出现月经紊乱、痛经等情况时,应暂停锻炼。

2.3　青少年形体训练的饮食卫生

饮食是人类从自然界中获取营养、能量的主要途径之一。人类身体所需要的各种营养素(糖、脂肪、蛋白质、维生素、矿物质和水)主要来源于食物之中。进入体内的食物经过消化、吸收、分解、合成、代谢等过程,为身体提供所需的物质和能量,保证生命活动的需要。青少年正处在生长发育的高峰时期,新陈代谢较为旺盛,过多或过少的摄入食物,对身体健康和体型的塑造都是不利的。因此,正确掌握饮食卫生知识,把锻炼和正确的饮食卫生结合起来,形体训练才能收到良好的效果。

2.3.1　饮食营养

形体训练的主要目标就是要适当增强各部位的肌肉,减少皮下脂肪的厚度,塑造完美的体型。因此,饮食营养应以高蛋白、低脂肪以及丰富的维生素和矿物质为主。

1)多摄取蛋白质

蛋白质是构成细胞的主要成分,肌肉、血液、骨骼及软组织等都主要由蛋白质组成,因此多摄取蛋白质能让机体有富余的原料通过合成代谢而形成新的肌肉。日常膳食中的肉、蛋、奶以及豆类是蛋白质的主要来源。

2)少摄入糖和脂肪

糖和脂肪是人体活动所需要能量的主要来源,糖在体内可以转化成脂肪供机体利用或贮存。日常膳食中糖的来源较为广泛,食物中的米、面、谷物约有80%属于糖类,脂肪主要来源于动物和植物的食用油、蛋黄、核桃、花生、葵花子等食物。我国长期的饮食习惯是高糖高脂膳食,因此糖和脂肪的摄入量相对偏多。但因形体训练能量消耗相对较小,为此应适当控制糖和脂肪的摄入量,多吃一些蔬菜和水果,这不但可以满足人体对维生素和某些矿物质的需要,还可以保证机体许多重要生理活动的正常进行。

3)适量饮水

水是构成机体的主要成分,它参与全身所有的物质代谢,完成机体的物质运输,调节体温,保证腺体正常分泌。体内的水分必须保持恒定,体内不储存多余的水,也不能缺水。缺水若不及时补充,将影响正常生理机能。但过多补水,又将使水大量吸收进行血液循环,使心脏负担增加。因此应适量饮水,避免暴饮,同时可在水中加少量盐分,以补充电解质的丢失。

2.3.2 饮食习惯

人体的生长发育离不开营养,饮食方式和结构是影响人体吸收的关键。合理的营养是增强机体质量、完善生理机能,提高健康水平的主要物质基础,也是提高工作效率的先决条件之一。因此养成良好的饮食习惯,树立正确的饮食观,对强身健体、延年益寿有着深远的影响。

1)遵守饮食规律,膳食应定时定量

一日三餐是人们正常的饮食规律,每餐间隔4~5个小时,有利于消化系统在充裕的时间里对食物进行分解、吸收和代谢。同时定时进食,在进食量上也能相对得到保证。因此,遵守饮食规律是防止饥饱不均、营养失衡的唯一途径。

2)膳食不宜过饱、进食不宜过快

食物在体内消化吸收是要靠消化系统分泌出的各种消化液来完成的。如果一次吃得过饱,就必然造成消化系统的负担过重,蠕动受限,影响正常的消化。而进食过快,食物在口腔停留的时间太短,食物得不到充分咀嚼,这不利于唾液和食物的充分混合,也不利于食物的消化吸收。

3)注意运动前后的进餐时间

一般运动前一个小时内不易进食,以免食物还停留在胃中,引起胃内震荡,导致呼吸受阻、恶心及腹痛的不良反应。运动结束后至少半小时内不能进食,这主要是因为血液大部分还停留在协助运动的各个系统中,消化系统的供血还不足,为此急于进食易引起消化机能的紊乱。

4)关注膳食质量

"早吃好、中吃饱、晚吃少"是人们总结出的膳食要求,它从侧面反映了膳食的质和量的关系。早餐吃得好为的是能在有限的时间里及时补充人体所需要的能量物质,因此,早餐吃含热量较高的食物,如糖、维生素和蛋白质。中午吃得饱是为了能更多更好地吸收营养物质。因此,中餐应更多地考虑膳食的营养成分。晚餐不宜过饱,一是怕吸收的营养物质无法消耗掉;二是怕因为消化影响人的睡眠。因此,晚餐不宜吃太油腻、糖和不消化的食物。

总之,青少年的饮食卫生要求是:膳食在种类数量上要有充分的保障,做到高蛋白、高热量、高维生素,适量脂肪,全面而均衡地摄取各种营养成分,既要保证身体正常代谢的要求,又要保证身体训练的特殊需求;既不要因营养过剩而肥胖,也不要因营养不良而影响健康。

2.3.3　素食

所谓素食就是只食用豆类及豆制品、植物油、粮食、蔬菜和水果。近年来,吃素的饮食风尚渐为大众接受,尤其是体型较为丰满的女性,甚至把吃素当成了习惯,希望借此达到减肥的目的。不可否认素食对于抵抗心血管疾病和防止肥胖等疾病具有不可辩驳的好处,但由于人们目前生活在一个高速运转的现代社会环境中,素食者在那些需要耗费大量体能的工作面前往往"汗颜"。因此,素食者如何保证身体对营养物质的需要,如何能把每天的膳食营养搭配好,这是很难解决的一个问题。

研究证实,女性经常食素确实对减肥有帮助,但它也会导致一系列疾病。拒绝吃肉,会造成动物蛋白质摄入不足,即使补充了豆类等的植物蛋白,其吸收和利用都远不及动物蛋白。当素食者蛋白质摄入不足时,人体内的蛋白质、碳水化合物、脂肪就会失衡,免疫力下降、记忆力下降、贫血、消化不良就会接踵而来。严重素食者也有可能会导致生殖机能异常,甚至影响生殖能力。因此对于青少年来说,选择食素作为饮食的方式应该慎重。

当然,如果营养搭配得当,在每天的饭食中,安排5~6种含有高蛋白的食物,如豆类、坚果类、种子类、豆腐或其他大豆制品、鸡蛋或乳制品,加上粮食、蔬菜和水果,基本上也可以满足人们对营养物质的要求。

2.3.4　瘦身饮食

拥有纤纤玉体是每个女性都梦寐以求的愿望,但是又有多少人能抵挡住美食的诱惑呢?要瘦身还是要美食,让众多渴望苗条身材的人徘徊、难以抉择。如何才能既不错过美味食物,又能拥有美妙身材呢?这就需要我们掌握饮食过程中的一些技巧、原则及瘦身食品。

1)饮食的技巧

①要想身不胖,饮食要适量。大多数人认为,吃得越少,瘦身效果越好,其实不然,食量少但耗能低同样也会发胖。所以我们应该避免暴饮暴食,多运动,合

理、适量的享受饮食,这样才不会造成营养过剩,身体发胖。

②要想身段美,食品多含水。含水食品是指水果或能吸住水分的豆、麦、谷类食品。饮料不属于含水食品,因为可乐、果汁和含酒精的饮料,所含热量很高,且不会引起饱腹感,因此对瘦身是不利的。

③要想身材靓,多吃蔬菜汤。进食时,应按食物所含热量的高低,排序列队,先吃热量最少的食物,让它们在胃内占据大块地盘,而给那些含热量多的食物只留下小小余地,这也是瘦身良策。水煮蔬菜、蔬菜色拉、菜汤都应排在各种菜肴的前列。

④要想身材妙,少食多餐好。通过调节饮食瘦身的人,其食谱中的水分含量较多,这可使胃的排空速度加快,因此在两餐之间容易产生饥饿感。这时不妨吃一些低热量的水果、点心,"安抚"一下胃肠。少食多餐是瘦身的重要措施。当然,这多出来的"餐"只能是水果而已。

⑤要想不臃肿,饮食挑品种。有助于减肥的食物有萝卜,含胆碱物质,能降血脂、降血压,有利于减肥;竹笋,含蛋白质和纤维素多、脂肪极少,宜常做菜佐膳,有减肥、预防心血管疾病等作用;薏米,是祛湿消肿的佳食良药,干品一年四季可煲粥、煮汤食用;木耳也是一种高蛋白、低脂肪、高纤维、多矿物质的有名素食,它含有一种多糖物质,能降低血清胆固醇,并能减肥和抗癌,可长年烹汤做膳;豆芽,含植物蛋白,维生素较多,常烹炒、凉拌、煎汤食用,有助于消腻、利尿、降脂;辣椒中的辣椒素有防止肥胖的作用,用其调味能促进脂肪的新陈代谢,防止体内脂肪的积存。其他还有荷叶、山楂、大蒜、茶等,都有分解蛋白质和脂肪的作用,有助于降低胆固醇、血脂,利于减肥。

2)瘦身饮食必须遵循的原则

①食用多种食品。因为没有哪一种食品,能为我们提供所需要的全部营养,所以,每日食用多种食品是至关重要的。专家们建议人们每天选食以下5类食品:面包、麦片及其他谷物;水果;蔬菜;肉、鱼、家禽、蛋类;乳制品。

②少食含糖食物。糖是提供热能的主力军,但它对人的营养价值并不大,为了保证正常体重,应降低饮食中对它的摄入,最好糖和乙醇都少食为佳。当然增加运动是消耗糖的有效办法。

③避免脂肪过剩。身体过胖都是因为脂肪过剩堆积而造成的,如果每日食用高脂肪的食品,脂肪过剩就在所难免。因此少食高脂食品,特别是含有饱和脂肪酸及胆固醇高的食品,能有效地避免脂肪过剩和胆固醇增高,防止肥胖,保护心脏。

④食用含有适当淀粉和纤维的食物。许多人认为面包、土豆等含淀粉的食

物容易使人发胖,其实,相比之下奶油、人造奶油、酸奶油、果酱等所含的热量,要比淀粉高得多。另外,一些优质的纤维质食物,如各种粗粮、粗面粉、玉米,或者带茎的蔬菜,有益于身体的新陈代谢,可以促进消化、防止便秘。所以,吃些含淀粉的食物,对身体是有益处的。

⑤避免食用过多的钠。许多食品中都含有钠,特别是调味品,如辣酱油、肉汤、辣椒、茄汁、芥菜、色拉等都含有丰富的钠。食用过多的钠,有导致高血压和心脏病的危险。

3)瘦身饮食的安排

(1)每日瘦身食谱

处于青春期的少女,每日应食肉蛋类荤菜 100～150 克、豆类 50 克;饮牛奶或豆浆一杯;每日吃主食 400～500 克、蔬菜 300～500 克、水果若干。若分配在一日食谱中,安排如下(见表 2.1)。

表 2.1　少食多餐女子瘦身一日食谱

早餐	水果或果汁(一小杯)、面包或麦片(一小片)、脱脂牛奶或酸奶(一小杯)
加餐	水果、咖啡或茶(一小杯)
午餐	瘦肉、蔬菜、水果、面包或米饭
晚餐	瘦肉、蔬菜、水果、面包
加餐	水果(若干)

(2)特殊时期的饮食

青春期的少女由于月经来潮,体内的铁丢失较快,铁是构成血液中血红蛋白的主要成分、参与人体内氧气的运输,铁的缺乏势必会造成体内贫血,因此补铁是青春期女生必须选择的。瘦肉类、鱼类、动物的肝脏、血制品,以至大豆类食品都是富含铁且易吸收的食物,蔬菜和水果中如胡萝卜、菠菜、芹菜、淡菜、红苋菜、红果、桃、大枣和草莓等,也是供铁的重要来源。此外,在经期应忌酒、忌辛辣刺激品、忌食生冷。

(3)瘦身食品

①茶叶:茶叶含有多酚类儿茶素以及咖啡因,还含有多种维生素,具兴奋神经、抗疲劳、抗氧化、抗癌症等多种功效,因此具有解腻减肥的功能。乌龙茶、绿茶、普洱茶等都是减肥良品,可以长期饮用,副作用少。

②冬瓜:冬瓜不含脂肪而含钠盐,且含有丙醇二酸,有利尿祛湿之功效,自古就被认为是减肥妙品。肥胖的人体内大多集有较多水分,肌肉软弱不实,民间常

用冬瓜煮汤饮服,减肥效果明显,对肾脏病,糖尿病者也大有好处。

③黄瓜:黄瓜水分高,含有多种维生素,且含有一种可抑制糖类转化为脂肪的丙醇二酸,长吃黄瓜可减肥。

④木瓜:含有丰富的维生素 C,β-胡萝卜素以及独特的木瓜蛋白酶,味甘性平,可以清除因吃肉而积聚在皮下的脂肪。木瓜肉所含的果胶更是优良的洗肠剂,让肠胃畅通无阻。

⑤西芹:西芹含有丰富纤维,可以加速肠胃的蠕动,促进消化。此外,西芹含有大量的钙质,可以"强化筋骨",含有钾,可减少体内的水分积聚。

⑥辣椒:辣椒可促进肠蠕动和消化液的分泌,加快新陈代谢,虽然可以减肥,但多食副作用大,刺激肠胃。

⑦菠菜:含热量低,而维生素及铁质含量极其丰富。菠菜中植酸含量高,不宜与豆腐同吃,菠菜以生吃最有益,烹调也不宜过久,以免损耗营养。

⑧魔芋:含丰富的膳食纤维,能在胃内吸水膨胀后产生饱胀感,促进肠道的蠕动,加快排便。

⑨海带:含大量的微量元素碘,能加快组织细胞的氧化过程及脂肪的燃烧,提高人体的基础代谢,使皮肤血流加快,从而增强人体的新陈代谢,达到消脂减肥的目的。

⑩韭菜:含有丰富的硫辛酸,能提高机体的代谢率,抑制脂肪的吸收。同时,因含纤维较多且不易消化,故能促进肠道的蠕动,加快排便。

⑪西红柿:含有丰富的果胶等纤维素,因无法被胃肠消化,且还能吸附体内多余的脂肪随它排出体外,故减肥效果也不错。

⑫咖啡:含咖啡因,可兴奋神经和加快新陈代谢,但最好不要加糖饮用。

⑬各种粗粮:含丰富的膳食纤维及 B 族维生素,饱腹,润肠,通便。

2.4　青少年的瘦身训练

2.4.1　瘦身训练的概述

瘦身训练是以消脂为目的,以身体练习为基本手段,运用专门的动作方式和方法进行锻炼,最终实现塑造形体、培养自信、增进健康的目标。随着现代物质文明的、时代的需求,人们修饰与塑造自己愿望的意识不断深入,花钱买健康、美丽、漂亮的观念不断提高,瘦身训练在我国越来越受到欢迎和普及,广受推崇,已成为走在生活时尚前沿的最佳运动项目,成为青少年特别是现代职业女性追求的目标。

中等职业学校学生处于青春期,是人体成长最快、体型变化最大的时期,同时也是对外界环境最敏感,自信心最易受到影响的时期。身体过胖或者对自身个别部位的不满意都会让他们焦虑。然而正是这一时期,体重处于一种不定势中,这对瘦身、塑造优美体形是一个绝佳的机会。因此应该抓住这一最佳时期,加强塑身锻炼,注意饮食营养,促进骨骼发育,去掉多余脂肪,把体型塑造得更健美。

2.4.2　运动量的制订

运动量是指身体在训练中所承受的生理负荷。运动量的大小,主要取决于训练的量和强度:量是指完成练习的种数、次数、组数、时间、距离和力量;强度是指完成练习时所用力量的大小和机体的紧张程度,包括动作速度、练习的速度、练习的间歇时间、承受的重力等。在训练中,判断运动量的大小应根据自我感觉、完成动作的质量、动作的准确性、控制身体的能力、呼吸、面部表情,以及做练习的状态等方面来判断。训练后,也可根据饮食睡眠、精神,以及对练习的兴趣等方面来判断。

瘦身训练的运动量应根据个体实际情况,由小到大逐步提高,如果一开始就加大运动量,机体将会作出一系列的应激反应,不仅体重无法减下来,同时机体的疲劳也容易让练习者产生厌练的情绪,造成运动损伤。

2.4.3　训练计划

1)制订目标

目标的制订要切合实际,具有针对性。一般初次目标应确定在减掉自身体重的10%,达到目标后再制订新的目标,第二个目标可适当增加减重的比例。切忌制订盲目的、脱离实际的、无法实现的目标。

日本学者根据东方人的体型特点提出的一个理想体重标准可供参考,以便确定瘦身的最终目标(见表2.2)。

表 2.2　女子身高和体重的对应关系

身高/厘米	正常体重/千克	理想体重/千克
150	50.0	45.0
155	52.6	47.3
160	55.3	49.7
165	58.9	53.0
170	62.9	56.9
175	66.5	59.2

2)确定训练时间和内容

内容的选择是瘦身训练的关键,现在可供选择的运动很多,如慢跑、骑自行车、打球、登山、爬楼梯、跳舞、游泳等,以形体训练中的瘦身训练为例,建议每周至少进行 3 次训练,每次训练时间保证一个小时。内容顺序是热身跑、柔韧练习、身韵、舞蹈、各种跳步以及各肌群的分解练习等。

3)强度安排

训练内容确定了,强度就成为实现瘦身效果的实施者。强度的把握应在练习者能承受的范围内,例如:热身跑不应是急跑,练习者应保持呼吸顺畅;柔韧练习不宜采用较大强度的训练;肌群的训练应控制在极限范围内。

此外,在训练过程中应合理安排休息时间,休息是对机体及时的调节,它能防止伤害事故的发生。休息时间的长短对训练效果是有影响的。如果一次练习的负荷较大,安排的休息时间可相对长一些,但休息时间过长或过短,都会降低练习的效果。实践中一般以呼吸平缓或肌肉酸胀感消失为界来判断休息是否完成。

4)制订日常饮食

瘦身训练应和饮食结构结合起来,制订出适合个人的瘦身饮食,这样才能有效地、尽快地达到瘦身的效果。

总之,瘦身训练是一个科学、系统、涉及领域广的新兴训练方式,在训练前,它需要对练习者饮食习惯、运动水平和生活习惯等进行全方位的了解,而后才能对症下药,最终达到瘦身的目标。青少年进行瘦身,应该在专人的指导下进行,同时应保证机体正常的营养需求,维护机体的生长发育。

2.4.4　简便易行瘦身法

常常听到有人纠结于没有合适的时间参加减肥或瘦身锻炼。实际上,生活中我们拥有太多的时间可以进行锻炼,只是你忽视了利用它们。比如在等车、坐车、看电视、走路时都可以进行一些简单的练习,从而达到塑身的效果。虽然每次练习的时间不长,但是积少成多,效果也将会突显出来而令你欣喜若狂。下面介绍几种适合独自一人进行的简便易行的锻炼方法,该练习方法简单,动作幅度不大,也不受人群多少的影响,更不易引起他人注意,是较适合忙碌之人使用的方法。

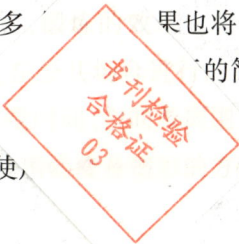

1)站立情况下

①臀部夹紧,提肛,提气,收腹立腰,肩下沉,挺胸抬头。尽量利用站立的时间坚持。锻炼目标:臀部和腹部减脂塑形。

②八字脚双脚起踵(脚后跟提起)、夹臀站立。可采用长时间站立或有节奏的起落练习。锻炼目标:小腿减脂塑形。

③一只脚勾脚尖微提起站立。锻炼目标:大腿、腰部减脂。

④前后脚站立,后腿屈膝微后提起。锻炼目标:腿部、臀部减脂塑形。

2)坐姿状态中

①双脚尽量高的起踵。锻炼目标:小腿减脂塑形。

②双脚离开地面。锻炼目标:大腿前群肌减脂塑形。

③收腹立腰,肩后压。锻炼目标:腹部、腰部后群肌减脂,身体流线型塑形。

④双手撑座位上提身体。锻炼目标:上肢肌群减脂塑形。

⑤收腹提臀虚坐。锻炼目标:大腿肌群、臀部和腹部减脂塑形。

3)行走过程中

①收腹走:在行走时一直保持收紧腹部肌肉。锻炼目标:腹部减脂塑形。

②深呼吸走:呼气时,收腹肌;吸气时鼓腹肌。锻炼目标:腹部减脂。

③收腹立腰、起踵走。锻炼目标:身体减脂塑形。

④走楼梯:这是锻炼臀部肌肉的最好场所。锻炼目标:塑臀。

本章小结

通过本章的学习,使我们进一步认识到:塑造完美形体,需要有科学、系统的训练方法以及良好的日常生活规律和饮食习惯的支持,青少年应避免盲目的、消极的、单一的追求训练效果,应在注重身体健康和保证正常生长发育的前提下,科学地进行形体训练。

思考题

1.形体训练应作好哪些心理准备?

2.哪些饮食与形体美有关?

3.你的瘦身目标是什么?

第3章
体型训练

【本章导读】

本章介绍了身体柔韧和肌肉的训练方法,这是形体训练的基础,也是改变体型、塑造形体美的有效手段。

【关键词】

柔韧 静力性 动力性 举 屈 伸 压

体型是指人体的外形特征与体格类型。体型受遗传因素影响,有性别差异,随年龄而变化,但可通过后天锻炼来矫正和完善。良好的先天体型为形体健美提供了有利条件,良好的后天体型则是锻炼的结果,也是形体健美的基本特征。

3.1 体 型

3.1.1 体型的构成

体型是由身体的各项指数(如身高、体重)和各部分的比例关系(如坐高、腿长、胸围等)以及人体解剖结构形成的外观特征构成。它的实质是体内肌肉、骨骼、脂肪的含量和分布状况。因此,调整体型就是改善整体肌肉、骨骼和脂肪的总体积和总重量,或改善各局部的比例。不过虽然通过训练可适当改变体型外貌,但是相对来说遗传因素起着决定性的作用。

决定体型的主要阶段在少儿时期,一旦进入青壮年,骨骼的发育已定型,调整体型已不可能寄希望于增长四肢和身体的长度,只能靠改善肌肉的成分,增加肌肉的围径,调整肌肉与脂肪的比例关系来改善体型。

通常人们把体型分为肥胖型、瘦长型和运动型。其特征如下:

肥胖型:身体肥满,中等身材,颈部粗短,胸廓宽大,腹部发达,腰围大,四肢短小,肤色滋润,肌肉和骨骼软弱,肩窄而躯干粗,头发易落,运动机能较差。

瘦长型:身体各部位较长,但围径、厚度、宽度各指标较小,头小鼻梁高,胸多扁平,皮肤苍白,骨骼和肌肉纤细,皮下脂肪较差,眉毛和头发生长良好。

运动型:身材中等,肌肉骨骼隆起,颈长而粗,肩宽,胸部发育良好,下腹扁平,腰部较细,四肢粗大,肤色良好,全身发育匀称。

3.1.2 测量评定方法

体型美是每一个人,尤其是年轻人所向往和追求的。尽管随着时代的变化,体型美的标准不尽相同,但现代人对美的体型已有共识,那就是必须建立在健康的基础上,只有健,才有美。

一般而言,可以用下列公式来判断自己的体重是否在标准范围之内。

理想体重(千克)= 身高(厘米)-105(男性)

理想体重(千克)= 身高(厘米)-105-2.5(女性)

实际体重与理想体重差距在 10%左右为正常,大于 10%~20%为过重,大于 20%为肥胖,小于 10%~20%为消瘦,小于 20%为明显消瘦。

评定男性体型美的公式:

$$\frac{胸围}{身高}=0.53$$

腰围与臀围之比为 0.7~0.8。

臀围较胸围大 4 厘米。

颈围与小腿围相当。

测量方法:

胸围:由腋下沿胸部上方最丰满处测量胸围。

腰围:通常情况下,量腰的最细部位(一般情况下吐口气再量腰围,不过不要缩着肚子)。

臀围:在体前耻骨平行臀部最大部位。

大腿围:在大腿的最上部位,臀折线下。

小腿围:小腿的最丰满处。

上臂围:在肩关节与肘关节之间的中部。

颈围:在颈的中部最细处。

女性理想体形的身高与三围的比例关系:

胸围＝身高(厘米)×0.535

腰围＝身高(厘米)×0.365

臀围＝身高(厘米)×0.565

实际测量得出的数据与标准指数±3厘米均属于标准,小于5厘米,说明过于苗条(偏瘦),大于5厘米,说明过于丰满(偏胖)。生活中女性的美在于围度而不在于胖瘦,完美的体形有一定的围度范围。简单地说:胸围约与臀围相等,腰围比臀围少25~30厘米,肩围比臀围大10厘米,如果偏差过大,胖就会过于丰满,瘦又会风韵尽失。

测量方法:

胸围:皮尺后面置于肩胛骨下角处。

腰围:身体直立,两臂自然下垂,不要收腹,呼吸保持平稳,皮尺水平放在髋骨上,肋骨下最窄的部位(腰最细的部位)。

臀围:两腿并拢站立,两臂自然下垂,皮尺水平放在前面的耻骨联合和背后臀大肌最凸处。

3.1.3　改变体型的方法

人一旦进入青壮年,骨骼的发育已经定型,调整体型已不能寄希望于增长四肢和身体的长度,只能通过改善肌肉的成分,增加肌肉的围径,调整肌肉与脂肪的比例关系,来调节身体各部分的比例从而达到改善体型的目的。因此,在选择训练方法时,我们可以根据身体不同部位或者不同体型来选择不同的训练方法:

①通过增加肌肉,促使身体增加脂肪,使消瘦处丰满起来。

②通过增加肌肉,同时消耗脂肪,使肥胖处瘦下去。

③通过局部肌肉的运动压挤脂肪层,使局部松弛的皮下脂肪紧缩起来。

④通过拉伸肌肉,改变肌肉的形状,使肌肉线条符合体型要求。

3.1.4　柔韧与体型的关系

柔韧是指肌肉、韧带的弹性和关节活动范围及灵活性。柔韧素质取决于关节的骨结构和关节周围软组织的体积大小及皮肤的伸长性。因每个人的先天身体条件不同,柔韧的素质也有所不同。但通过锻炼每个人都能在自己的条件下进一步提高关节的灵活性,发展关节周围软组织功能以及肌肉、韧带、肌腱的伸展性,这对充分表现身体各部位的动作幅度,提高动作的美感和质量,塑造良好的体型都会有显而易见的效果。

柔韧训练又称为伸展运动,它包括肩、腰、髋、腿4个部分。肩部的灵活性在于胸锁关节和肩锁关节的柔韧程度。肩关节是典型的球窝关节,能做屈伸、外展内收、外旋、内旋运动,并能做水平屈伸和环转运动。肩关节的灵活性直接影响着胸、背的舒展程度;腰部是女性最关注的部位,也是展现身体曲线和柔美的重要部位。自古"杨柳腰"就不只是取其纤细之意,而是强调随风舞动、婀娜柔软之意。腰部的充分拉伸,不仅能防止生理病痛,同时也能提高女性高贵优雅的气质;髋部是躯干与下肢的连接部分,髋关节能进行屈伸、展收、回旋、水平屈伸和环绕运动。人体站和坐时,髋部动作决定了上体动作的方向,因此,髋部的灵活性和位置感对体态的完美起到了决定作用;腿部是支撑身体重量的主要部位,腿部的柔韧性对保持优雅的行走、腿部各肌群的外观协调和站立姿态提供最有力的支持。

经常进行柔韧训练,能使身体各部分的韧带拉长,使僵硬、紧绷的肌肉得到松弛;能使各关节的运动幅度得到扩展,减少运动损伤;还能避免脂肪过量地在肌肉上堆积;对预防和矫正不良体态,防止生理病痛也有着重要功效。它是形体美的关键所在,直接影响体型的塑造。

3.2 柔韧训练方法

柔韧训练中通常从两个方面着手进行,一是采用静力性和动力性拉伸的方法。静力性拉伸是指缓慢地压、控腿,这种方法不易拉伤肌肉、韧带等软组织,而且耗能小;动力性拉伸则是运动相对更加激烈的踢腿、甩腰等,这种方法对提高肌肉的能力效果显著,耗能也大,利于消除脂肪。练习时静力性和动力性拉伸应结合进行,这有利于练习部位的综合锻炼。二是采用主动和被动练习相结合的方法。主动练习是指练习者依靠自己的力量使肌肉拉长,加大关节活动的灵活性;被动练习是指练习者通过他人的帮助,借助外力使肌肉被拉长,并使关节活动范围增大。当然,无论采用哪种方法练习,在训练中都应注意以下几个方面的问题:

①准备活动要充分,动作由小到大、由慢到快、循序渐进,以防肌肉损伤或拉伤肌纤维、韧带组织,同时注意与放松练习交替进行,以保证肌肉原有的弹性和伸缩能力。

②发展柔韧素质比发展其他素质容易见效,但也容易消退,需坚持训练。

③发展柔韧素质要注意与发展速度和力量相结合。

柔韧训练包括有把练习和无把练习。有把练习指练习者借助一定高度的物体(如把杆、椅子、高台等)进行的练习,主要以压、撕、吊、踢、拧、倾、曲等动作为主。无把练习指练习者不借助其他物体在地面上完成的练习,主要以压、耗、掰、开、绷、直、拧、倾、曲、坐、卧、躺等动作为主。有把练习和无把练习动作都能有效地对身体各关节的韧带和肌肉进行练习,使韧带和肌肉的弹性力量更强。下面简单的介绍几种常见的有把练习和无把练习方法。

3.2.1　有把练习(以把杆为例)

1)扶把

①双手扶把。身体面向把杠站立,距把杆约一脚,两臂与肩部同宽,两手握住把杠,肩、肘、腕下沉且松弛,两脚并拢,脚尖微分,两眼平视(图3.1)。

②单手扶把。身体侧对把杠,内侧手轻扶把杠稍前于身体,外侧手成所要求的位置,其他要求同双手扶把。

2)压腿

①前压腿。单手扶把,外侧腿脚跟置于把杆上,绷脚尖,外侧手上举。练习时上体前压,腹部尽量贴近大腿(图3.2)。

图 3.1

图 3.2

②侧压腿。身体正对把杆,一手扶把,同侧腿脚跟置于把杆上,绷脚尖,另一手上举。练习时上体侧倒,向把杆上腿的内侧屈压,上举手尽量触及脚尖(图3.3)。

③后压腿。单手扶把,外侧腿后举脚背放在把杆上,外侧手上举,练习时上

体尽量后屈,以头去贴近后腿(图3.4)。

图3.3   图3.4

3)压肩

①正压肩。双脚开立同肩宽,上体前倾,沉肩,双手握把杠,练习时肩部向下做压振动作(图3.5)。

②拉肩。身体背对把杆,双手扶把,练习时向前送髋,或者下蹲成反吊做静止练习(图3.6)。

4)压腰

①俯压腰。双脚开立同肩宽,双手握把杆上体前倾,抬头,塌腰,练习时也可由帮助者向下按压腰部。

图3.5   图3.6   图3.7

②仰压。双脚开立同肩宽,一手握把杆,一手上举,上体后仰(图3.7)。

5)踢腿(以大踢腿为例)

①正踢腿。单手扶把,外侧腿为动力腿(练习腿),其脚尖后点地,外侧手侧平举。练习时动力腿迅速用力向前上方踢出,绷脚尖,用脚背力量带动踢腿,两腿伸直。腿回落时注意控制至还原(图3.8)。

②侧踢腿。单手扶把,身体保持正直,外侧腿为动力腿,其脚尖于主力腿

（重心支持的腿）前（后）外侧点地，外侧手侧平举。练习时动力腿迅速用力向侧上方踢出，绷脚尖，用脚背力量带动踢腿，两腿伸直。腿回落时注意控制至还原（图3.9）。

③后踢腿。扶把，动力腿脚尖前点地，练习时动力腿迅速用力向后上方踢出，绷脚尖，用脚的力量带动踢腿，两腿伸直。腿回落时注意控制至还原（图3.10）。

以上动作要点：注意保持抬头、挺胸、立腰、髋正、两腿伸直。动作幅度应逐渐加大。

图3.8　　　　　　　　图3.9　　　　　　　　图3.10

3.2.2　无把练习

1）前压腿

两腿伸直并拢坐于地面上，上体尽力伸展前俯贴于双腿上，两臂前伸，两手扶脚（也可让同伴双手向下按压腰部，增加强度）（图3.11）。

2）侧压腿

两腿尽量分开坐于地面上，上体前趴，贴于地面（也可让同伴双手向下按压背部，增加强度）或成分腿坐，一腿屈膝脚收于胯部，异侧手握踝关节，上体侧屈，另一臂上举触侧腿脚尖（图3.12）。

图3.11　　　　　　　　　　　图3.12

3）肩胸韧带（两人练习）

方法 1：练习者立，两手交叉，掌心向外，两臂伸直上举于头顶。同伴背对背站立，两手握住练习者双手，向下施力。要求抵紧练习者的肩。

方法 2：练习者两腿并拢坐于地面，两臂侧平举，掌心向前。同伴握练习者腕部，使两臂在体后交叉。要求练习者立腰。

方法 3：练习者跪坐于地面上，两手交叉放于头后。同伴双手按住练习者肘关节，向下施力震压。要求练习者塌腰挺胸，低头。

方法 4：练习者俯卧于地面，两臂伸直。同伴立于练习者两腿间，单脚踩住练习者两肩的中部，两手握住练习者双手向上微微拉起。要求练习者不屈肘。

4）腰韧带

方法 1：练习者仰卧于地面，两手肩上撑地，身体离开地面成拱桥状。

方法 2：练习者俯卧于地面，两手撑地，两臂伸直，抬头挺胸（图 3.13）。

5）髋部韧带

方法 1：两腿成弓步，前腿膝关节以下着地，后腿尽量后移，上体立，一手扶膝，一手抵住后髋，微微用力向下震压髋部。

方法 2：坐于地面上，屈膝，两脚掌相对，两脚尽量靠近髋部，两手握脚尖，用双肘轻压腿内侧，使其靠近地板。或上体前俯，身体尽量贴近两脚。

6）竖叉

两腿前后分开成一条直线，上体正直，绷脚尖，前腿脚跟着地，后腿脚背着地。或前腿成屈膝跪坐（图 3.14）。

图 3.13

图 3.14

3.3 身体各肌肉群的训练方法

通常采用的器械有哑铃、杠铃、曲柄杠铃、拉力器、胶皮带等。女子练习时可采用较轻的器械。

3.3.1 上肢肌群

1)肩部肌群练习方法

肩部肌群主要由三角肌和斜方肌构成。

(1)推举(持杠铃或哑铃,可站或坐在凳子上练习)

动作要领:将横杠提至锁骨上,两手掌向上托住杠铃,用力垂直向上推起,直至两臂伸直;或双手持哑铃于两肩外侧,掌心相对,而后将哑铃垂直向上举起,直至两臂伸直。哑铃推举时也可加手腕外旋动作(图3.15)。

动作要点:上体始终要保持挺胸、收腹、紧腰;举至头上稍停后,再缓慢下放。

图 3.15

(2)前平举

动作要领:两脚开立同肩宽,两手正握杠铃或哑铃,两臂自然垂于体侧。以肩部肌群的收缩力,直臂将杠铃或哑铃提举至体前,与肩同高。静止片刻后,缓慢下落还原(图3.16)。

动作要点:上体始终要保持挺胸、收腹、紧腰,不得前后晃动。

(3)侧平举

动作要领:两脚开立同肩宽,两手各持哑铃于体侧或体前,拳眼朝前。吸气时,两臂向两侧上方提哑铃,至侧平举。而后呼气,以肩部肌力控制两臂缓慢下放还原(图3.17)。

图 3.16   图 3.17

动作要点:两臂向上提举时,一定要超过肩或与肩同高,并位于肩前(不要向身后方向举起)。

(4)俯卧侧平举

动作要领:两脚开立略比肩宽,双腿稍屈,上体前屈,使躯干与地面平行,两手各持哑铃下垂于体侧。吸气时,持哑铃由身体两侧向上提起,两上臂尽量举过水平位置,至极限时稍停。而后呼气,以肩部肌力控制两臂缓慢下放还原(图 3.18)。

(5)握哑铃耸肩

动作要领:手握哑铃自然站立,吸气时用力慢慢地耸肩,呼气时再慢慢还原。

动作要点:哑铃的位置不同,所产生的效果也不一样。横握练习对斜方肌有效;握放在大腿前面练习对斜方肌后部有效。无论作何种耸肩锻炼,都应该有向后拉的意识。注意肩膀不可太放松,以免不必要的伤害(图 3.19)。

图 3.18   图 3.19

2)臂部肌群练习方法

臂部肌群主要由上臂的肱二头肌、肱三头肌、肱肌和前臂的肱桡肌、桡侧腕屈(伸)肌、尺侧腕屈肌及掌长肌等组成。

(1)弯举(持杠铃、哑铃、拉力器、胶皮带等均可)

动作要领:前臂向内弯曲,上臂与前臂的夹角保持在 50°~60°(图 3.20)。

动作要点:以肘关节为轴,上臂固定,拳心转向正前方。

图 3.20

(2)引体向上

动作要领:两手相靠反握杠,两臂伸直成悬垂,两臂用力,身体上引,下颌过杠。

(3)臂屈伸(可站立、正坐、仰卧、俯立练习)

动作要领:两臂弯曲而后伸直(图 3.21)。

图 3.21

动作要点:动作宜平稳缓慢。

（4）屈膝俯卧撑（徒手练习）

动作要领:俯卧,两臂伸直撑地同肩宽;抬两小腿交叉脚跟两膝着地,慢降胸部接近地面再撑直恢复原状。

（5）直腿后撑（徒手练习）

动作要领:两脚并拢伸直,双手向后撑于一固定长凳或平面(高度约50厘米),缓慢下降身体至肘关节成直角,脚后跟着地并且和腿尽量成一直线,然后抬起恢复至起始状态。

3.3.2　下肢肌群

1)臀部肌群练习方法

臀部肌群主要是由臀大肌、臀中肌和臀小肌组成。

（1）直腿后举

动作要领:直腿后上举,保持片刻,然后缓慢下放还原,两腿交替进行(图3.22)。

动作要点:练习时绷脚尖,脚尖朝向不同,所练肌群也不同。

（2）半蹲（负重或徒手）

动作要领:两脚开立同肩宽,挺胸收腹。缓慢屈膝下蹲至大腿与地面平行,保持片刻,起立还原(图3.23)。

图 3.22　　　　　　　　　　　图 3.23

动作要点:据所负重量或停留时间决定练习强度。

（3）跪撑后举

动作要领:跪撑于地,挺胸收腹,目视前方,一腿后举,保持片刻,缓慢还原,两腿交替进行(图3.24)。该练习可做屈膝后半举、屈膝后举的变化。

图 3.24

(4)俯式后举

动作要领:俯卧,以臀部肌群力量将单腿举离地面,保持片刻,缓慢放下还原。此动作也可双腿练习(图3.25)。

图 3.25

2)腿部肌群练习方法

腿部肌肉群主要由大腿前的股四头肌、大腿后的股二头肌,以及小腿的三头肌组成。

(1)深蹲

动作要领:两脚开立,徒手或双手持物于肩,挺胸拔背,目视前方。两腿屈膝下蹲至大腿低于水平线,静止片刻,然后缓慢起立还原(图3.26)。

动作要点:在下蹲和起立的过程中,身体重心要保持在脚掌支撑面的同一垂线上。

图 3.26

(2)腿屈伸(该动作运用综合健身器最为方便)

①坐姿腿屈伸:坐在凳上,两腿屈膝,小腿下垂,用脚背勾住脚托滚或壶铃把

柄。以股四头肌的力量使小腿上举至两腿伸直,然后缓慢放下还原(图3.27)。

图 3.27

②俯卧小腿屈伸:俯卧在长凳上,膝关节以下露出凳端。脚跟勾住脚托滚,以股二头肌的力量将小腿向上弯起至主练肌充分收缩,静止片刻,然后控制速度伸直还原(图3.28)。

(3)负重起踵

动作要领:两脚开立,前脚掌站在垫木上,双手持杠铃于颈后肩上。尽量起踵,静止片刻,脚跟缓慢落下将及地面时立即提起,避免顿足(图3.29)。

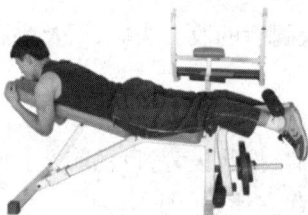

图 3.28

图 3.29

3.3.3 腰腹肌

1)转体

(1)负重转体

动作要领:两脚开立同肩宽,将杠铃置于颈后肩上,两手握紧横杠,拳心向前。两腿不动,以腰为轴,上体先向左侧转动90°,还原后再向右转动90°。两侧交替进行(图3.30)。

图 3.30

（2）俯立转体

动作要领：两脚开立略比肩宽，两手交叉或持铃片于颈后肩上，上体前屈与地面平行。上体先向左侧转动 90°，还原后再向右转动 90°。两侧交替进行。

2）体侧屈

（1）负重体侧屈

动作要领：两脚开立同肩宽，体右侧屈，右手握哑铃置右膝外侧下部，练习时，右腹外斜肌发力，将哑铃上提，左臂自然下垂。

（2）徒手体侧屈

动作要领：两脚开立同肩宽，体右侧屈，同时左手上举，向右侧伸（图3.31）。

图 3.31

3）腿上举

（1）屈膝上举（可仰卧、坐或悬垂）

动作要领：两腿伸直并拢，而后双腿屈膝，将大腿贴近腹部，接着伸直还原（图 3.32）。

图 3.32

（2）直腿上举（可仰卧、坐或悬垂）

动作要领（以仰卧为例）：两腿伸直并拢，以腹肌的收缩力将双腿举至与地面垂直，然后还是以腹肌的收缩力控制双腿，缓慢还原（图3.33）。

图 3.33

动作要点：练习时臀部不要离开地面。

4)仰卧起坐

动作要领：仰卧，双手抱头，两膝屈成 90°，然后收腹抬上体，尽量以额触膝，还原。

5)转腿扭腰

动作要领：仰卧举腿成 90°，两臂侧平举，掌心向上。双腿向左侧落下并着地，同时向右扭腰，肩、臀紧贴地面，而后还原。

6)俯卧抬上体

动作要领：俯卧，两臂上举或扶头后，腿由同伴或重物固定。将上体抬起，腿紧贴地面，然后还原。

3.3.4 胸背肌

1)胸部肌群练习方法

胸部肌群还包括胸大肌、胸小肌、前锯肌、锁骨下肌和肋间外肌等。

(1)仰卧推举(卧推)

动作要领：仰卧，两臂伸直，手持杠(哑)铃，缓慢屈肘使杠(铃)降至乳头附近，随即向上推起臂伸直(图 3.34)。

图 3.34

动作要点:两肘要外张并保持肘尖下垂。推起杠铃时,胸部要挺起,两肩要下沉。

(2)仰卧飞鸟

动作要领:仰卧,两手心相对,持铃上举,臂伸直。两臂分别向两侧缓慢分开,再充分下降。稍停,还原(图3.35)。

动作要点:飞鸟的动作关键是两肘弯曲的角度和用力点。当两臂屈肘张开至极限时,肘间夹角应保持在100°~120°。持铃还原时,肘间夹角应保持在170°左右。在持铃下放和举起的过程中,整个胸廓必须始终保持挺起,尤其在还原要做到"挺胸沉肩",使作用点集中在胸大肌上。

(3)双杠上双臂屈伸

动作要领:双手握双杠,屈臂悬垂支撑,抬头向前引体,两臂推撑至两臂伸直。

动作要点:当上臂超过水平位置时,臀部逐渐后移,含胸收腹。向上推起时要快而高并呼气,下落要慢而低并吸气。

(4)扩胸练习(综合健身器)

动作要领:坐于器械椅上,两前臂靠托在活动臂上,两手握住把手,两上臂张开与肩齐平,肘部下垂;以胸部收缩力使两前臂向胸前夹拢(图3.36)。

图3.35   图3.36

(5)俯卧撑

动作要领:俯卧、直臂支撑,两腿并拢伸直以脚趾着地。两臂略向前倾;屈臂至背部,低于肘关节,随即伸直两臂还原。

动作要点:落和起时要使两肩向前的运动轨迹成弧形,同时保持胸部前挺。女子因力量不足练习时可先做跪姿俯卧撑、跪姿抬小腿俯卧撑或手高脚低俯卧撑。

2)背部肌群练习方法

背部肌群主要包括背阔肌、斜方肌、大圆肌、小圆肌、冈下肌等。

（1）引体向上

动作要领：双手宽握横杠，两臂伸直，身体悬垂，腰臀部以下放松，两小腿伸直或交叉。吸气时，屈臂引体向上至下颌超过横杠（胸前引体向上）或颈后贴近横杠（颈后引体向上）。稍停后，边呼气边控制身体慢慢下降，直到双臂伸直还原。

（2）下拉（需借助组合器械或专门器械）

动作要领：立或坐，两腿自然分开，两臂上举伸直，两手正握杠，肩关节放松。吸气，将拉杠垂直拉至颈后稍停，呼气，慢慢伸直双臂还原（图3.37）。

动作要点：在练习中，改变抓握的位置可以产生不同的效果：宽握利于增强背阔肌宽度，窄握利于增加背阔肌厚度，同肩宽对背阔肌腋下的部分效果明显。

图3.37

（3）俯立挺身

动作要领：两脚开立同肩宽，将杠铃（或哑铃）置于颈后肩上，两手握紧横杠，呼气，以腰背肌的力量控制上体前屈与地面平行，吸气，以腰背肌的收缩力抬起上体还原（图3.38）。此动作也可腿固定，俯卧在凳上练习。

（4）屈肘上提

动作要领：两腿分开站立，膝稍屈，上体前屈90°，两臂下垂，手握哑铃或杠铃，掌心向后。屈肘将器械上提至腹部，抬头下挟背，还原。

（5）背部后屈

动作要领：俯卧两臂伸直在体后五指交叉。上体和腿同时向上抬，两臂挟背后伸，仰头，然后还原（图3.39）。

图 3.38

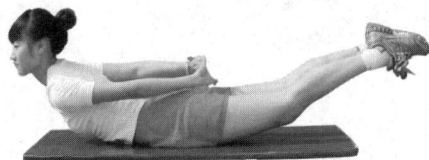

图 3.39

本章小结

　　本章详细地介绍了体型的评定方法以及身体各部位的柔韧和肌肉的训练方法,目的是为了帮助练习者更好地、有针对性地对自身体型作出评价,并能选择出适合自己的训练方法,以达到塑造完美体型的目的。

思考题

　　1.对自己的体型作出评价。

　　2.柔韧对形体训练究竟有什么作用?

　　3.根据自己的体型特点,制订出修正体型的锻炼方法。

第 **4** 章
体态训练

【本章导读】
　　本章系统介绍了芭蕾基本功、步态以及身姿的基本动作和练习方法,这是形体训练的精髓,也是完善身体姿态,提高动作协调性和节奏感必不可少的一种手段。

【关键词】
　　点　面　脚位　手位　蹲　绕　屈　伸

　　体态训练是通过对身体进行各种辅助练习,使之能灵活运用,达到传情达意、给人美感的目的。体态训练内容丰富,涵盖了正确的站立形态,人体方向,动作姿态,身体各部分速度、幅度、动作稳定感、灵活度、肌肉的力量等方面,是一个综合性的训练。

4.1　基本功

4.1.1　人体面和空间点的训练

　　所谓点、面,是指人体与空间形成的关系。为了在训练中能更准确地找到人体形态所处的位置,我们把空间作了分割,分为若干个面和多个点,这些点面都是以人的自身为参照物来确定的。人体成正立姿势,脸对的面为正面;手为侧面;背为后面;以此类推。点是以人体四周的空间顺时针方向每隔45°角为一个点,以正前方为1点,以此类推。共8个点。
　　点、面的确定为训练者用自身形体的面,积极与点发生联系提供了可操作性,它调动了人体的主动性,形成了明确、统一的动作形态,使人体动态更准确、生动。

4.1.2　脚位

在姿态训练中,首先应从脚的位置入手,因为它是在保持良好站姿的同时解决如何变换重心,保持方向等问题的关键,它贯穿于动作的始终。在姿态训练中,当你站在一个脚的位置上时,身体就不是在自然状态下,而是正在形体训练中所需要的规格和位置上,如"丁"字位、开位、交叉位等。特别是正位和开位的训练非常重要,可以使学生尽快改变自然状态,有利于腿型的塑造,使训练更加有效。无论哪种站法,都要注意膝盖和脚趾的关系,一般膝盖的方向与自己脚面、脚趾在一个方向,否则,容易影响肌肉形状发育,使肌肉受到损伤。

1)脚的位置

①正位:两脚靠紧,脚尖与膝盖垂直,面向一点(图4.1)。

②"八"字位:两脚跟相靠,两脚尖打开45°。在"八"字位基础上向旁移出一定距离为大"八"字位(图4.2)。

③"丁"字位:一脚的脚跟抵在另一脚的足弓处,形成"丁"字型,脚尖朝斜前方(图4.3)。

④踏步:(以左脚为例)右脚在左脚后用脚掌踏地,也可绷脚尖点地(图4.4)。

图4.1　　　　　　图4.2　　　　　　　图4.3　　　　　　图4.4

⑤芭蕾脚位:分一位、二位、三位、四位、五位。

一位:两脚跟并拢,两脚尖向外侧打开90°成"一"字(图4.5)。

二位:在一位脚的基础上,一脚向旁移出,两脚保持一条直线,两脚跟相距一脚(图4.6)。

三位:两脚尖向外侧打开,前脚与后脚内侧重叠一半站立(图4.7)。

图 4.5　　　　　　图 4.6　　　　　　图 4.7

四位:两脚尖向外侧打开,两脚平行,前脚尖与后脚跟成一直线,两脚间距约一脚(图 4.8)。

五位:两脚尖向外侧打开,两脚前后重叠平行相靠(图 4.9)。

图 4.8　　　　　　　图 4.9

2)动作要求

所有的站立姿势都要保持身体挺拔,两腿夹紧,收臀,收腹,立腰,挺胸,抬头,肩部放松,后背舒展,往外扩背,胯部上提,膝盖伸直,脚往下踩,脚趾分开,像爪子一样抓紧地面。

4.1.3　手位

常言道:"手舞足蹈。"说明手位在形体的训练中作用是非常大的。它不仅可以表现各种风格,同时在完成动作技巧时起到平衡和协调作用。手位训练包括手指、手腕和手形。在动作中,它的形态、形象和动作最富有细腻感和感情色彩。手的位置不仅标志各种特征,而且构成了一个动作的基础架子。在进行手位训练时,要特别强调手位的规范、准确、细致,强调与身体整体的协调配合。

1)兰花指

五指分开,中指下压,大拇指和中指靠拢,形成兰花状,称兰花指。

2)拳

五指全屈握紧,大拇指捏食指。

3)芭蕾手位

①一位:两臂于体前成弧形,掌心向内,指尖相对,手臂稍离开身体(图4.10)。

②二位:两臂前举至身体的胃部,手臂成弧形,掌心向内,指尖相对(图4.11)。

③三位:两臂成弧形上举,至头前上方,掌心相对(图4.12)。

④四位:两臂成弧形,一臂上举,掌心向内,另一臂前举,掌心向内(图4.13)。

图4.10　　　　　图4.11　　　　　图4.12　　　　　图4.13

⑤五位:一臂上举,掌心向内,另一臂侧举,掌心向前,两臂成弧形(图4.14)。

⑥六位:一臂侧举,掌心向前,另一臂前举,掌心向内,两臂成弧形(图4.15)。

⑦七位:两臂成弧形侧举,掌心向前(图4.16)。

图4.14　　　　　图4.15　　　　　图4.16

4）动作要求

芭蕾手臂的7个基本位置动作,一定要做到部位准确,手臂始终保持弧形,身体要挺拔,肩部放松,抬头,眼随手看,头部要随手臂的运动方向有规律地转动,身体姿势按站立动作要求。

4.1.4 擦地

擦地是腿部训练中的基础动作,它能训练脚背、脚踝的力量、软度、灵巧和控制能力。擦地可向前、向侧、向后做。

1）预备姿势

站一位或五位脚准备。

2）动作要领

主力腿直立,保持重心,动力腿向前、向侧或向后擦出,脚跟往前顶,用全脚擦地,经脚掌、脚趾伸向远处,脚尖与主力腿脚跟成一直线。动力腿伸直,胯部要正。收回时,膝盖保持伸直,脚尖沿原路线经脚掌到全脚擦地收回。

3）动作要求

①保持膝、胯正直,重心始终在主力腿上。

②动力腿向前擦出时,绷脚尖、脚后跟向前顶;向侧擦出时,膝盖、脚面向侧顶;向后擦出时脚尖带动外展擦出,脚跟前顶。

③擦地和收回时,脚尖始终不离开地面,同时保持正确的身体姿态。

4.1.5 下蹲

蹲是两腿屈伸的训练,可使腿部肌肉力量得到发展,尤其是踝、膝关节的力量和柔韧性,以便为单跳和各种控制打下良好的基础。蹲分为全蹲和半蹲。

1）预备姿势

可按各种脚位姿势站立进行。

2）动作要领

两膝尽量外开,保持后背直立,缓缓向下蹲,全脚踩紧地面,下蹲到最大限度即半蹲位。随后以脚腕和膝盖的力量将身体均匀推起成直立。做全蹲时,当过半蹲时,脚后跟缓慢地稍微抬起,继续下蹲到最深处,随后脚跟徐徐着地,同时将身体缓缓推起成直立。

3）动作要求

①上体正直，髋、膝和踝外展，重心始终保持在两腿中间。

②动作要求连贯、缓慢、有控制。

③腿部肌肉要保持对抗性。下蹲时腿要有阻力的感觉，直起时要有往下压的感觉。

④二位脚下蹲时，不起脚后跟。

4.1.6 基本功组合练习

1）手位和蹲的练习

预备姿态：成一位站姿，手一位，脚一位。

①脚一位半蹲：手由一位，二位，三位，七位，回到一位（图4.17）。

图 4.17

②脚二位半蹲：手由一位，二位，三位，七位，回到一位。

③脚三位半蹲：手由一位，二位，三位，七位，回到一位。

④脚四位半蹲：手由一位，二位，三位，七位，回到一位。

⑤脚五位半蹲：手由一位，二位，三位，七位，回到一位。

2）手位和擦地组合练习（详见本书附碟）

预备姿势：面向8点方向站立，成一位脚站立。

（1）前擦地（2个八拍）

①第1个八拍：

第一拍：右脚前擦地（图4.18）。

第二拍:脚收回。

第三至八拍:重复第一、二拍动作。

②第2个八拍:重复第一个八拍动作。

（2）后擦地（2个八拍）

①第1个八拍:

第一拍:右臂前六位手,同时左脚后擦地（图4.19）。

第二拍:脚收回。

第三至八拍:重复第一、二拍动作。

②第2个八拍:动作同第一个八拍。

（3）左右脚侧擦地

①第1个八拍:

第一拍:身体面向1点方向。右脚右侧擦地,七位手（图4.20）。

图4.18　　　　　　　图4.19　　　　　　　图4.20

第二拍:右脚收成后五位脚（图4.21）。

第三拍:左脚侧擦地。

第四拍:左脚收成后五位脚。

第五至八拍:重复第一至四拍动作。

②第2个八拍:动作同①,但脚收回时成前五位脚。

（4）侧擦地压脚跟

①第1个八拍:

第一拍:右脚侧擦地（图4.20）。

第二拍:右脚后跟下压成全脚掌着地,重心移到两脚间（图4.22）。

第三拍:重心移到左脚,右脚绷脚尖点地。

第四拍:右脚收回成五位脚（图4.21）。

图 4.21   图 4.22

第五至八拍:动作同第一至四拍,但方向相反。

②第 2 个八拍:动作同①。

(5)身体转向 2 点方向,一位脚站,重复前面的动作(1)至(4)动作

(6)七位手练习

①第一至二拍:二位手。

②第三至四拍:三位手。

③第五拍:四位手。

④第六拍:五位手。

⑤第七拍:六位手。

⑥第八拍:经七位手成一位手。

(7)重复(1)至(6)动作,但方向相反

4.2 步 态

4.2.1 基本步伐

基本步伐一般用于连接动作,提高动作的协调性、韵律感和表现力,使动作表现更加活泼、多变、富有朝气。基本步伐包括柔软步、脚尖步、跑步、华尔兹步、变换步、波立卡等。

1)柔软步

动作要领:身体直立眼平视,一脚向前伸出,绷脚尖,脚外旋,随即柔软地从脚尖依次过渡到全脚掌,重心移至前脚上,两腿依次交替进行。在进行练习时还

可以加各种手臂练习(图4.23)。

2)脚尖步

动作要领:前脚掌着地,高起踵,两手叉腰。左脚绷直向前伸出,腿外旋,脚背向外,左脚着地时膝关节伸直,身体重心随之前移,接着再换右脚做,两腿依次交替进行,要求上体保持正直,收腹立腰,不要前倾、后仰,两脚跟尽量抬高(图4.24)。

3)跑步

动作要领:在跑步时,应按水平方向前进,腿要很自然地向前迈出,并稍有腾空时间,脚尖绷直向下,每一步的幅度不宜过大,落地时以前脚掌过渡到全脚掌(图4.25)。

图4.23　　　　　　　　　　图4.24　　　　　图4.25

4)弹簧步

动作要领:右脚向前一步(由脚尖先着地),落地时稍屈膝,重心在右脚上。右脚稍缓慢起踵(膝伸直),同时左腿前下伸,手臂自然摆动(图4.26,图4.27,图4.28)。

图4.26　　　　　　　图4.27　　　　　　　图4.28

5)变换步

动作要领:自然站立,臂成七位。第一拍:右脚向前做一个柔软步,重心移至右脚上,臂一位(图4.29)。第二拍:左脚并于右脚旁成自然站立,同时臂成一位(图4.30)。第三拍:右脚向前做柔软步一个,身体重心移至右腿上,左脚后点地,脚面向外,同时两臂成左臂前六位手(图4.31);侧变换步做法同上,但出脚方向向侧,第三拍手臂动作成五位手;屈膝变换步做法动作相同,但后点地的腿不做后点地动作,而做屈膝前举动作,小腿与大腿成钝角;后举腿的变换步后点地的腿不做后点地动作,而成后举;提踵变换步第二拍向前迈步后,由屈膝部位起踵,另一腿后举。

图4.29   图4.30   图4.31

变换步组合练习:(3/4拍音乐)(详见本书配套光盘)

(1)预备动作(16个三拍)

①第1个三拍:右脚侧迈一步,脚尖点地,二位手(图4.32)。

②第2个三拍:三位手(图4.33)。

图4.32   图4.33

③第 3 个三拍:四位手(图 4.34)。

④第 4 个三拍:两腿屈膝移动重心至右脚成右侧弓步,五位手(图 4.35)。

⑤第 5 至 8 个三拍:动作同①至④,但方向相反。

⑥第 9 至 16 个三拍:动作同①至⑤。

(2)前后变换步(8 个三拍)

①第 1 个三拍:左脚向前做变换步一次。

②第 2 个三拍:保持动作①的结束动作。

③第 3 至 4 个三拍:动作同①②,但方向相反。

④第 5 个三拍:左脚向后退做变换步一次(图 4.36)。

⑤第 6 个三拍:保持动作④的结束动作。

⑥第 7 至 8 个三拍:动作同④⑤,但方向相反(图 4.37)。

  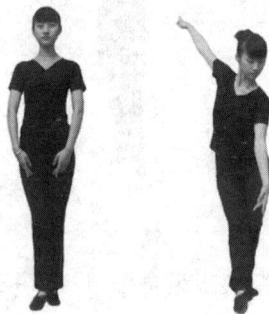

图 4.34   图 4.35   图 4.36

图 4.37   图 4.38

（3）左右变换步（8个三拍）

①第1个三拍：左脚侧迈一步，向左侧做变换步一次，手位由一位成五位手。（图4.38）

②第2个三拍：保持动作①的结束动作。

③第3至4个三拍：动作同①②，但方向相反。

④第5至8个三拍：动作同①②③。

（4）后举腿变换步（4个三拍）

①第1至2个三拍：左脚侧迈一步，身体面向8点，右脚向8点迈一步，左脚接上一步，右腿后举，同时两臂六位手，左脚起踵。

②第3至4个三拍：动作同①，但方向相反。

（5）下蹲（16个三拍）

①第1个三拍：左脚落地，同时身体还原。两腿成半蹲，二位手。

②第2个三拍：三位手。

③第3个三拍：七位手。

④第4个三拍：两腿伸直，一位手。

⑤第5至16个三拍：重复动作同①至④，最后一拍收左脚成站立姿势，一位手。

（6）重复动作（24个三拍）

①第1至8个三拍：动作同（2）。

②第9至16个三拍：动作同（3）。

③第17至20个三拍：动作同（4）。

④第21至24个三拍：动作同（5）中的①至④，最后一拍收左脚成站立姿势，一位手。

6）波立卡

动作要领：自然站立，双手叉腰。第一拍：左脚向前迈一步，重心迅速移到左脚，左脚支撑小跳一次，右脚落地稍稍屈膝，同时左腿前下伸（图4.39）。第二拍：左脚向前落下，重心移到左脚上（图4.40）。第三拍：右脚向前迈一步，重心迅速移到右脚，右脚小跳一次，左脚落地并稍屈膝，同时右腿前下伸。第四拍：右脚向前落下，重心移到右脚上。

4.2.2 摆胯

胯由骨盆、骨盆带和体积较大的肌肉群组成。一般来说，女子胯部脂肪比男子厚得多,胯应与臀部训练相结合,使身体更具曲线美。

1)左(右)摆胯

动作要领:两脚开立,两膝成微屈状态,两手叉腰,向左(右)斜上方摆胯(图4.41)。

图4.39　　　　　　　　　　图4.40　　　　　　图4.41

2)左(右)斜前摆胯

动作要领(以右斜前摆胯为例):身体面向8点方向,右脚前点地微屈,重心在左脚上,左臂前平举,右臂侧平举,以右脚为轴,胯向右斜上方摆动。向斜上方用力摆动时,右膝伸直,然后回位(图4.42)。

3)前(后)摆胯

动作要领:两脚开立,膝微屈,双手头上互握,胯前摆动(图4.43)(后摆看图4.48)。

图4.42　　　　　　　　　　　　图4.43

4)"∞"字摆胯

动作要领:两脚开立,膝微屈,两手叉腰,胯向左斜上方摆,经左后绕至还原,接着跨向右斜上方摆,经右后绕至还原(图4.44)。

图 4.44

5)摆胯组合练习(详见本书配套光盘)

预备姿势:两腿开立成半蹲,双手叉腰(图4.45)。

(1)向左向右动胯(4 个八拍)

①第 1 个八拍:

第一拍:向左摆胯(图4.46)。

第二拍:胯还原。

第三至八拍:重复第一、二拍动作。

②第 2 个八拍:动作同①,但方向相反。

③第 3 至 4 个八拍:动作同①②。

(2)左右连续摆胯(4 个八拍)

①第 1 个八拍:

第一拍:向左摆胯。

第二拍:向右摆胯(图4.47)。

第三至八拍:重复第一、二拍动作。

②第 2 至 4 个八拍:重复动作①。

(3)前后摆胯(4 个八拍)

①第 1 个八拍:

第一拍:胯向前送(图4.43)。

第二拍:胯向后送(图4.48)。

第三至八拍:重复第一、二拍动作。

②第 2 至 4 个八拍:重复动作①。

图 4.45　　　　　图 4.46　　　　　图 4.47

（4）前、左、后、右送胯（8 个八拍）

①第一个八拍:

第一拍:向前送胯。

第二拍:向左送胯。

第三拍:向后送胯。

第四拍:向右送胯。

第五至八拍:重复第一至四拍动作。

②第 2 至 8 个八拍:重复动作①。

（5）斜前摆胯（4 个八拍）

①第一个八拍:

第一拍:身体面向 8 点方向。两臂成右臂斜上举,左臂前平举的印度舞手臂型,以右脚为主力腿,左脚侧点地,同时向左斜前送胯一次(图 4.49)。

图 4.48　　　　　　　　　图 4.49

第二至八拍:重复第一拍动作。

②第2个八拍:身体面向8点方向,动作同①,方向相反。

③第3至4个八拍:动作同①②。

(6)胯转动(8个八拍)

①第1个八拍:

第一至二拍:双手叉腰,胯由左经前、右,向后转动一周。

第三至八拍:重复第一至二拍动作。

②第2个八拍:动作同①,但方向相反。

③第3至8个八拍:重复动作①②。

(7)斜前斜后摆胯(8个八拍)

①第1个八拍:

第一拍:右脚向前迈一步,微屈膝,双臂侧平举,同时向右斜前摆胯一次,右脚跟向外摆(图4.50)。

第二拍:胯还原。

第三至八拍:重复第一、二拍胯的动作。

②第2个八拍:动作同①。

③第3至4个八拍:向左斜后摆胯,右脚跟向内摆。其他同①②动作。

④第5至8个八拍:后转身成左脚前点地,重复①至③动作,但方向相反。

(8)向左右移动摆胯(2个八拍)

①第1个八拍:

第一拍:身体面对8点方向,两臂成右侧举,左上举,同时右脚侧迈一小步,向右送胯;接着左脚并右脚,胯还原(图4.51)。

图4.50

图4.51

第二至四拍:重复第一拍动作。

第五至八拍:重复第一至四拍动作,但反向相反(图 4.52)。

②第 2 个八拍:动作同①。

图 4.52

4.2.3 跳

跳跃是一个空中动作,是把地面姿态和一些动作放在空中完成,是地面动作的延伸。跳跃是由学生的自然弹跳能力、软度条件、协调性和空中意识来决定跳跃动作质量的好坏。在训练中不仅要发展学生弹跳能力,更要注意腾空时身体在空中需保持优美的姿态,强调腾空中的美感和落地的轻盈准确。跳跃落地时要由脚尖先落地过渡到全脚,注意脚的缓冲,并要有控制地半蹲。跳步的种类很多,有原地、移动及加转体的跳,有垂直的、向远的和既高又远的跳,而且有小、中、大跳之分。

小跳:是局限于膝关节以下动作在半蹲状态下进行,高度不高,离地约 2 厘米,强调脚的动作的准确性。

中跳:在深蹲的状态下进行,胯部要参与动作,跳起时,身体垂直往上拔,头向上顶。

大跳:充分利用大腿的幅度,在小跳、中跳的基础上,加上上身、手臂的力量在空中形成最为舒展的舞姿。

根据起跳和跳跃落地的方式可分为 4 种:双起双落,单起单落,双起单落,单起双落。

1）双起双落（五位小跳）

动作要领：成五位站立，臂成一位。屈膝成半蹲，膝外展，两脚蹬地跳起，腾空后腿伸直，绷脚尖，头向上顶，脚向下伸。落地时脚尖先着地，依次过渡到全脚掌，屈膝缓冲后成站立。

2）双跳单落

预备姿势：两脚成左丁字步站立双手背手。

动作要领：腿成半蹲状，往上跳起后，空中前后分腿，成左腿前、右腿后上摆，右臂前平举，左臂侧举，落地时成左脚着地。

3）单跳双落（前后分腿跳）

预备姿势：五位站立，左脚在后，臂成一位。

动作要领：右腿半蹲，左脚伸直向侧擦地踢出，随即右脚蹬地跳起。两脚落地成五位站立，左脚在前。

4）单跳单落

动作要领：右腿向侧上摆腿，同时左脚蹬地向上跳起，两腿在空中成左右分腿。右脚落地，左腿屈膝脚摆至右腿后。

5）跳跃练习（详见本书配套光盘）

预备姿势：成一位站姿，七位手位。

①一位小跳（1个八拍），一拍一跳，结束时成五位脚。

②五位小跳（1个八拍），一拍一跳，每跳一次脚前后交换一次。

③单跳单落（2个八拍），一拍一跳，左右脚交替跳。结束时成丁字步、一位手位。

④重复①至③动作。

⑤双跳单落（2个八拍），二拍一跳，一个八拍后交换方向。

⑥答谢动作（4个八拍）。

a.第1个八拍：向后走柔软步8步，双手后背。

b.第2个八拍：

第一至二拍：左脚侧一步，重心移至左脚，同时手臂由一位经二位成七位。

第三至四拍：右脚于左脚后脚尖点地，同时两臂收于体侧，两膝微屈，低头敬礼。

第五至八拍：动作同第一至四拍，但方向相反。

c.第3个八拍：向前走柔软步4步，双手后背。

d.第四个八拍:动作同 b。

4.2.4　转体

转体动作要在身体平衡的基础上才能顺利进行。它是技巧性较高、难度较大的动作。它要求身体重心高度稳定,可在原地、移动和起跳加转体及配合各种舞姿进行,对支撑腿的发力要从半蹲蹬直到起踵半脚尖立(支持地面接触面积越小越容易完成),并以头、肩、手臂来带动身体转体,保持身体纵轴与地面竖直,整个身体要收紧、直立,转体时眼睛看好固定目标,头先不转,当转体结束时,做甩头动作。

1)转体 180°

预备姿势:八字位站立,两臂七位手(图 4.53)。

动作要领:右脚左前上一步,成双脚交叉站立。两脚起踵,以前脚掌为轴向左转体 180°,同时两臂成三位手,两脚成八字步提踵立(图 4.54)。

图 4.53　　　　　　　　　　　　　　　图 4.54

2)上步平转 360°

预备姿势:八字步,七位手。

动作要领:右脚向右侧一小步,前脚掌着地,接着左脚向右侧交叉上步的同时,以右前掌为轴,向右转体 180°,两臂成三位手。而后以左脚前脚掌为轴,向右转体 180°,两臂向侧打开成七位,两脚成提踵立(图 4.55)。

动作要点:身体与地面垂直,转体要平稳、连贯、圆滑。两臂侧打开时,带动身体转体。

图4.55

3)转体组合练习(详见本书配套光盘)

预备姿势:"八"字脚站(图4.53)。

(1)双脚立转(8个八拍)

①第1个八拍:

第一至四拍:两臂经二位手至七位手。

第五至八拍:两臂经一位至三位手,同时两腿经半蹲成起踵立。(图4.54)

②第2个八拍:

第一至四拍:左脚后退一步成右弓步,两臂成六位手。

第五至八拍:向左转体360°,同时右脚向左侧交叉迈一步,成两脚起踵立,右脚在前,两臂七位手。

③第3个八拍:

第一拍:右脚屈膝上抬,膝外展,右脚绷脚尖,接着右脚于左腿前着地。

第二拍:同第一拍,但方向相反。

第三至四拍:动作同第一、二拍。

第五至八拍:两臂经一位至三位手,同时两腿经半蹲成起踵立。

④第4个八拍:动作同②,但方向相反。

⑤第5个八拍:动作同③,但方向相反。

⑥第6至8个八拍:动作同②至⑤。

(2)控腿(8个八拍)

①第1个八拍:

第一至二拍:左脚向前控腿,手臂二位手(图4.56)。

第三至四拍:左脚旁吸腿,半蹲,手臂一位手(图4.57)。

第五至八拍:左脚旁伸腿,手臂七位手(图 4.58)。

图 4.56　　　　　　　图 4.57　　　　　　　　　　图 4.58

②第 2 个八拍:同动作①。

③第 3 个八拍:

第一至四拍:向右转体 90°,左臂经下绕至三位手。

第五至八拍:右臂斜上举,左臂斜下举。

④第 4 个八拍:

第一拍:做迎风展翅动作,支撑腿向后跳一次(图 4.59)。

第二至四拍:重复第一拍动作。

第五至八拍:左脚于右脚前落地成五位脚,两臂经一位至三位手,同时两腿经半蹲成起踵立(图 4.60)。

⑤第 5 至 8 个八拍:动作同①至④,但方向相反。

图 4.59　　　　　　　　　　　　　图 4.60

(3)平转(8个八拍)

①第1个八拍:

第一至二拍:右脚前点地,六位手。

第三至四拍:右脚向右侧一小步,右手带动向侧打开(图4.61)。

第五至八拍:左脚向右脚靠拢,以右脚为轴向右立转360°,两臂二位手(图4.62)。

②第2个八拍:

第一拍:右脚屈膝上抬,膝外展,左脚于左腿前绷脚尖,还原。

第二拍:同第一拍,但方向相反。

第三至四拍:动作同第一、二拍。

第五至八拍:两臂经一位至三位手,同时两腿经半蹲成起踵立。

③第3至4个八拍:重复动作①②,但方向相反。

④第5至8个八拍:重复动作①②③。

图 4.61

图 4.62

4.3 身 态

4.3.1 躯干

躯干是人体的支柱,承上启下连接着头和四肢,其中包括有胸、腹、腰、背部。由于躯干的各个部位有大量的韧带和坚强的肌肉群,加之脊柱的多关节面结构,所以躯干活动的动作幅度较大。也正因为这一特点,躯干部分较易出现一些不良的姿势。为此,加强躯干练习,提高躯干各部位肌肉群的力量和协作能力,对完成动作,提高动作质量,稳固各种姿态技巧以及对不良的体态的预防和矫正都起到很好的作用。

1)躯干动作

躯干动作分为体前屈、体后屈、体侧屈、体转和体绕环等。

①体前屈。两脚开立,与肩宽,两臂侧平举;上体前倾,与地面平行(图4.63)。

②体后屈。两脚开立,与肩宽,两臂侧平举;上体后屈,头后仰(图4.64)。

③体侧屈。两脚开立,与肩宽,两臂上举;上体侧屈(图4.65)。

④上体侧转。两脚开立,与肩宽,左臂侧平举,右臂上举;上体向侧转体(图4.66)。

图4.63 　　　　图4.64 　　　　图4.65 　　　　图4.66

⑤体绕环。体前屈,两臂平举带动上体向侧、后绕环一周(图4.67)。

图4.67

2)躯干组合练习(音乐3/4拍)(详见本书配套光盘)

(1)预备动作(10个三拍)

①第1至2个三拍:向前跑三拍接起踵立。

②第3至4个三拍:后退跑三拍接起踵立。

③第5至6个三拍:向左立转360°。

④第7个三拍:向右立转360°。

⑤第8个三拍:右脚侧迈一步,两臂侧平举。

⑥第9至10个三拍:开立站姿,两臂经上举成侧平举,手心向上。

(2)体前屈,体后屈(8个三拍)

①第1个三拍:低头含胸,掌心向下(图4.68)。

②第2个三拍:上体向后挺胸,抬头,手心向前(图4.69)。

③第3至8个三拍:重复动作①②。

(3)腹背练习(8个三拍)

①第1个三拍:双手向上拉伸、抬头(图4.70)。

图4.68　　　　　　　　　　图4.69　　　　　　　　　　图4.70

②第2个三拍:两臂经前下向后绕环一周半,同时上体迅速下压(图4.71)。

③第3至4个三拍:上体还原,两臂侧平举(图4.72)。

④第5至8个三拍:动作同①②③。

图4.71　　　　　　　　　　　　　图4.72

(4)体侧屈(8个三拍)

①第1个三拍:上体向左体侧屈一次,同时两臂上举(图4.73)。

②第2个三拍:还原。

③第3至4个三拍:动作同①②,方向相反。

④第5至8个三拍:重复动作①②③。

（5）体绕环（8个三拍）

①第1个三拍：向左侧做体侧屈一次，同时右手向上伸，左手向下伸，掌心向前（图4.74）。

②第2个三拍：右手屈肘，五指分开，掌心向内下插（图4.75）。

③第3个三拍：双手扶左膝关节，屈膝一次（图4.76）。

④第4个三拍：上体由左向右体绕环一次，回位（图4.77）。

| 图4.73 | 图4.74 | 图4.75 | 图4.76 | 图4.77 |

⑤第5至8个三拍：动作同①至④，方向相反。

（6）过渡（8个三拍）

①第1至4个三拍：脚立踵，两臂经侧成交叉上举（图4.78）。

②第5至8个三拍：成正立姿势。

（7）重复（1）至（6）动作

（8）体前屈

①第1至2个三拍：两手扶后臀，肩依次向前转动，同时上体前屈（图4.79）。

②第3至4个三拍：两手扶小腿（图4.80）。

| 图4.78 | 图4.79 | 图4.80 |

③第 5 至 6 个三拍:两手撑地向前移动成卧撑,挺胸抬头(图 4.81)。

④第 7 至 8 个三拍:左右向下压胯共三次。

⑤第 9 至 10 个三拍:双手向脚的方向收回,双手扶小腿。

⑥第 11 至 15 个三拍:动作同③④⑤。

⑦第 16 个三拍:上体向左移动,两手臂向左伸展,上体慢慢上升。

⑧第 17 个三拍:上体向右移动,两手臂向右伸展,上体慢慢的直立。

⑨第 18 至 19 个三拍:同⑦⑧动作,最后三拍两臂成侧平举。

(9)立踵,下腰

①第 1 至 2 个三拍:半蹲起一次,同时两臂经腹前交叉成上举交叉(图 4.82)。

②第 3 个三拍:两脚起踵立(图 4.78)。

③第 4 个三拍:两臂侧打开,两手扶臀,下后腰(图 4.83)。

图 4.81　　　　　　　图 4.82　　　　图 4.83

4.3.2　胸腰胯灵活训练

胸腰胯训练非常重要,它包括颈椎、胸椎、腰椎、底椎和胯部。许多优美的动作和微小的动作、情绪、表现力都离不开胸、腰的动作。胸的动作幅度要小,腰的幅度比较大。在做练习时,要调整好呼吸,肌肉要合理的有拉长的感觉。通常把上体部分分为胸腰、中腰、板腰。

1)胸腰

胸腰是指颈椎和胸椎部位。通常做的含胸后展的动作就是胸腰动作。加强胸腰的练习对于纠正学生圆背(驼背)及其他胸部不良姿势有良好的效果。但要注意做胸后屈时,以颈椎和胸椎部分来完成,其他部位不能参与动作。颈椎和胸椎要有延长拉伸的感觉,即第八胸椎处尽量往上贴,后背往上顶,不要伸长。

当胸后屈时应静静吸气,复原时随之呼出。在运动过程中,呼吸自然,不能憋气。胸部动作,幅度量小,但完成起来较为困难,难以控制局部。特别容易出现头颈前屈而引起腹部前挺,也容易塌腰翘臀,一定要髋关节的位置固定,收腹,把腰椎拉直,胯部上提,将身体重心前移,脚下踩,产生舒服的感觉。

2)中腰

中腰是指腰椎即胯以上,胸以下的部位。在腰椎这一部分完成最大幅度可以向后屈 180°,双手扶地完成。

3)板腰

主要是胯的动作。一般在地面上动作较多,可以跪仰在地面上,胯部往上顶。

4)胸腰的训练

胸的动作分为含、挺、侧拉和水平转动。腰的动作分为前屈(图 4.84)、后伸(图 4.85)、旁伸(图 4.86)、横拧(图 4.87)。练习时可采用以下几种方法:

图 4.84

图 4.85

①重复练习:反复做,动作快。

②耗:在一定时间内保持稳定,主要进行软度训练。

③甩腰:在一种状态下弹动。

④涮腰:水平 4 个方向完成,包括前屈、侧伸和后仰 3 个动作,连接起来完成,可以在上、中、下位来进行。

图 4.86

图 4.87

5)胸腰胯组合训练(音乐 3/4 拍)(详见本书配套光盘)

预备姿势:直立站姿。

(1)含展练习(25 个三拍)

①第 1 个三拍:右脚侧出一步,两臂侧平举(图 4.88)。

②第 2 个三拍:两腿成半蹲状,重心在右脚上,上体向右转体,左脚尖踮起,两臂经侧平举向胸前合成交叉,同时含胸(图 4.89)。

③第 3 个三拍:重心移到两脚之间,同时两臂侧平举。

④第 4 个三拍:动作同②,但方向相反。

⑤第 5 至 25 个三拍:重复动作③④,方向依次为相反。

(2)展胸练习(34 个三拍)

①第 1 个三拍:左脚向 8 点方向迈出,右脚跟上绷脚尖落于左脚旁,两膝微屈,同时低头,含胸,两臂上举、夹耳(图 4.90)。

图 4.88　　　　　　图 4.89　　　　　　图 4.90

②第 2 个三拍：右脚后退一步，重心移在右脚上，左脚绷直，两臂上举。

③第 3 至 4 个三拍：下腰，两臂经头顶向侧打开成侧平举（图 4.91）。

④第 5 至 8 个三拍：重复动作①②③。

⑤第 9 至 32 个三拍：重复动作①②③④，方向依次相反。

⑥第 33 至 34 个三拍：两脚成开立，腿经半蹲屈伸一次，两臂腹前交叉向侧打开成头顶上举交叉后回落体侧。

⑦第 35 至 36 个三拍：动作同⑥。

（3）左右胯练习（16 个三拍）

①第 1 个三拍：向右送胯一次，左脚伸直，右屈膝，两臂侧平举。同时左小臂经上向下绕一次，掌心向下（图 4.92）。

②第 2 个三拍：向左送胯一次，右脚伸直，左屈膝，右小臂经上向下绕一次，掌心向下。

③第 4 至 8 个三拍：重复动作①②。

④第 9 至 16 个三拍：动作同①②③，但小臂经下向上绕，掌心向上。

图 4.91　　　　　　图 4.92　　　　　　图 4.93

(4)涮腰练习(16个三拍)

①第1至2个三拍:两臂经右侧向下做体前绕,上体随臂绕做涮腰一周后成前屈,两臂成下垂。

②第3至4个三拍:上体伸直胸后屈,同时右臂上举。

③第5至6个三拍:两臂经左侧向下做体前绕,其他动作同①。

④第7至8个三拍:动作同②。

⑤第9至16个三拍:动作同①②③④,但上举臂为左臂。

(5)含胸练习(16个三拍)

①第1个三拍:两臂侧平举,同时上体向前收腹含胸,两腿成半蹲。

②第2个三拍:上体后仰展胸,两腿伸直,掌心向上(图4.93)。

③第3至16个三拍:重复动作①②。

(6)下腰练习(36个三拍)

①第1至2个三拍:身体面向6点方向,左脚前点地,腿绷直,右腿屈膝半蹲,重心在右腿上,同时两臂成右臂斜下举,左臂斜上举。

②第3至4个三拍:上体前倾下压,胸部尽量贴左腿,两手抱左小腿(图4.94)。

③第5至6个三拍:上体直立,两腿伸直,两臂伸直,两手头顶合掌(图4.95)。

④第7至8个三拍:下腰(图4.96)。

图4.94　　　　　　　　图4.95　　　　　　　　图4.96

⑤第9至16个三拍:动作同①②③④,但身体面向3点方向,动作方向相反。

⑥第17至32个三拍:动作同①②③④⑤。

⑦第33至34个三拍:两脚成开立,腿经半蹲屈伸一次,两臂腹前交叉向侧

打开成头顶上举交叉后回落体侧。

⑧第 35 至 36 个三拍:动作同⑦。

(7)腰拉伸练习(20 个三拍)

①第 1 至 2 个三拍:两脚开立站,两手交叉于胸前,掌心向内(图 4.97)。

②第 3 至 4 个三拍:掌心向外,手臂外推伸直,同时上体前倾与地面平行(图 4.98)。

③第 5 至 6 个三拍:动作同①。

④第 7 至 8 个三拍:两臂上举(图 4.99)。

图 4.97   图 4.98   图 4.99

⑤第 9 至 10 个三拍:下腰(图 4.100)。

⑥第 11 个三拍:上体还原,两臂上举。

⑦第 12 个三拍:两手胸前交叉。

⑧第 13 个三拍:两臂上举。

⑨第 14 个三拍:上体右侧屈(图 4.101)。

图 4.100   图 4.101

⑩第 15 至 20 个三拍:第 15 至 18 个三拍动作同⑥至⑨,但方向相反。第 19 至 20 个三拍动作同⑥⑦。

（8）左右后腰练习（32 个三拍）

①第 1 个三拍：两臂上举。

②第 2 个三拍：两手胸前交叉。

③第 3 至 4 个三拍：掌心向外，手臂外推伸直，同时上体前倾与地面平行。

④第 5 个三拍：上体左侧屈，两臂上举。

⑤第 6 个三拍：下腰。

⑥第 7 个三拍：上体右侧屈。

⑦第 8 个三拍：动作同③。

⑧第 9 至 16 个三拍：重复动作同④至⑦，但不停顿。

⑨第 17 至 31 个三拍：动作同②至⑧，但方向相反。

⑩第 32 个三拍：还原成站立姿势。

4.3.3 肩部的训练

在体态训练中，首先要解决肩关节的幅度和柔韧性。肩关节是手臂动作的根，它和手臂、大臂连结在一起，若有良好的柔韧性、灵活性，动作就变得舒展、大方、极富表现力。肩的动作较为丰富，有提肩，压肩，裹肩，展肩（前后展肩）。我们把提、压、裹、展连接在一起做叫作转肩。胸和肩在练习时可连为一体，通过胸肩练习，可以使胸廓更好的发育，增大肺活量，促进女性乳房发育，防止乳房下垂，使胸部外形轮廓变得柔和而匀称。

肩部组合练习：（详见本书配套光盘）

预备姿势：两腿并（或开）脚站姿，两臂自然下垂。

1）提肩练习（2 个八拍）

（1）第 1 个八拍

①第一拍：左肩上提（图 4.102）。

②第二拍：还原。

③第三拍：右肩上提。

④第四拍：还原。

⑤第五拍：两肩上提。

⑥第六拍：还原。

⑦第七至八拍：动作同⑤⑥。

（2）第 2 个八拍：动作同（1）

图 4.102

2)含胸、展胸练习(2 个八拍)

(1)第 1 个八拍

①第一至二拍:两手叉腰,同时低头含胸(图 4.103)。

②第三至四拍:还原。

③第五至六拍:抬头展胸。

④第七至八拍:还原。

(2)第 2 个八拍:动作同(1)

3)转肩(1 个八拍)

第一拍:左脚向侧迈一步,成左侧弓步,同时左肩向后转动一周(图4.104)。

第二拍:重心移到右腿上,成右侧弓步,同时右肩向后绕动一周。

第三至八拍:重复第一、二拍动作。

4)左右送肩(1 个八拍)

第一拍:两臂侧平举,向左伸肩,身体重心向左移动,手心向下(图 4.105)。

第二拍:身体重心向右移动,向右伸肩。

第三至八拍:重复第一、二拍动作。

5)拉伸肩(3 个八拍)

(1)第 1 个八拍

①第一至四拍:身体面向 8 点方向,左弓步,左脚立踵,两手交叉经胸前平举成上举。

②第五至八拍:两臂后振 4 次(图 4.106)。

(2)第 2 个八拍

①第一至四拍:两臂侧平举。

图 4.103   图 4.104   图 4.105   图 4.106

②第五至八拍:两臂后振 4 次(图 4.107)。

(3)第3个八拍

①第一至四拍:双手背后交握(图4.108)。

②第五至八拍:两臂向上抬4次。

6)重复动作(9个八拍)

动作同1)至5),但方向相反。

7)收势(四拍)

收左脚成正立,两臂经侧平举成一位手(图4.109)。

图4.107   图4.108   图4.109

4.3.4 头与颈部训练

头与颈部可以传达感情,表现不同的情绪,也能独立表达情感,头颈在人体的上部和中间位置,运动的韵律感强。一个抬头、一次顾盼让人回味无穷。头可以分为正中位、中上位、中下位、左右转动位、左右倾倒位。头的动作大致有低头(图4.110)、仰头(图4.111)、侧屈头(图4.112)、转头 (图4.113)、涮头(图4.114)、弧线转动(头于肩侧上下划弧)(图4.115)。凡是头的运动都要以头顶为轴心,以头顶的方向来带动身体其他部位的动作。头颈部训练可以锻炼颈部肌肉,使颈部显得正直而修长,防止肌肉松弛和脂肪堆积,对于长期伏案工作、学

图4.110   图4.111   图4.112   图4.113

习的人，避免颈部肌肉劳损和变形有良好的作用。

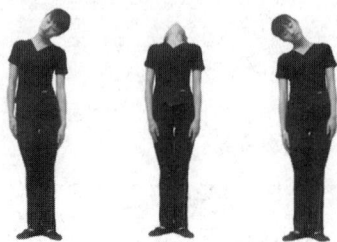

图 4.114 　　　　　　　　　　　　　　　　　　　图 4.115

4.4 气 息

气息是完成动作的先决条件，没有呼吸，人就无法生存。在形体训练中，气息的运用随处可见，它是每个练习者都必须掌握的一项技能，也是体态训练中必须解决的问题。一个挺拔、健硕的体型，优美的动作姿态，和气息的控制息息相关。

提气是保持高重心、塑造挺拔体态的前提，要完成好一个动作，必须要靠动作和呼吸的协调配合。可以说，气息长短的控制直接影响着动作的力度和强度，影响着整个体态风格的表现。因此，在形体训练中，应明确气息的要求，掌握呼吸与动作的调节规律，唤起动作的主动意识，改变为动作而动作，为模仿而模仿的被动现象，真正赋予动作生命力。

瑜伽作为一门起源于印度的古老强身术，因独特的练功方法和塑身效果，备受现代人的喜爱。而瑜伽练习中的一个重要内容就是气息调整，它通过形体姿势或动作以及特定呼吸方法的配合练习，引导人体内的气按照人体的规律运行。因此，我们借助瑜伽的练功方法，学习调节呼吸，控制气息，同时也通过瑜伽姿式和冥想把人散乱的精神集中起来并使之平静下来，使练习者的柔韧性、灵活性和平衡能力得到提高，体态得到改善，身体更加强壮，心智和精神得到健康的发展。

1）基本动作

（1）冥想、调整呼吸

（2）风吹树式

这个姿势让练习者的背部、腹部、双髋部和内脏都得到伸展，胸腔得到扩张，肩关节也得到了放松。坚持练习还能改善练习者的体态，提高练习者的灵活性和平衡能力。

动作做法：

①直立,抬头挺胸,双腿并拢,两手十指交叉而握,从身前举过头顶,翻转手腕,使掌心朝上(图4.116)。

②慢慢抬起脚跟,用脚尖着地,腰部以上躯干向右侧弯曲至最大限度(图4.117)。

图 4.116　　　　　　　　　图 4.117

③保持这个姿势几秒钟后再向左侧弯曲。

(3)阿罗式

此姿势强力刺激腰椎,消除腰部、肩部、颈部疲劳感,使头脑恢复清醒状态。由于腹部受到拉伸和收缩,能促进肠的活动,使消化吸收变好,解除便秘的痛苦。

动作做法：

①跪在地板上,上体挺直,臀部落在脚跟上,双手放在大腿上,调整呼吸(图4.118)。

②提腰,跪立,大腿与地面垂直。

③呼气中抬头,挺胸,上体向后弯曲,两手于脚的外侧触地,眼睛盯住天花板某一点(图4.119)。

④保持此姿势10秒钟。

⑤吸气,回到起始姿势。

⑥呼气,把身体向前弯曲至前额着地,双手向前伸直(图4.120)。

⑦自然呼吸,保持此姿势10秒钟后回复到起始姿势。

(4)加强侧弯式

这个姿势让练习者的脊柱得到伸展,减轻髋关节的压力,腿部肌肉得到锻炼。它能扩展胸腔,强壮练习者的肺部,使呼吸变得更加自然。它让腹部器官也

图 4.118   图 4.119   图 4.120

得到加强,能很好地纠正人的不良体型。

动作做法:

①站立,两腿并拢,双手自然下垂,深吸一口气,身体微向前倾。

②吸气,双腿尽量分开,将两肘和肩膀向后收,双手翻到身后,双掌合十,手指向下(图 4.121)。

③吸气,翻转手掌,手指向上,移至肩胛骨之间(图 4.122)。

④吸气,将身体转向右边,双膝保持不弯曲,两脚也跟着向右边转,右脚转90°,左脚转 60°~75°,头向后仰,停留一会。

⑤呼气,向前弯腰,直至头部贴住右膝,双腿保持伸直,继续伸展背部,让下巴延伸过右膝盖之下(图 4.123)。

图 4.121   图 4.122   图 4.123

⑥保持此姿势,深呼吸 5 次。

⑦深吸一口气,如有可能,可尽量把头部延伸过膝盖。

⑧呼气,直起身子,回复到起始姿势。

(5)鸽王式

这个姿势让整个脊柱得到伸展,能增强背部肌肉群,加速血液循环,加强消化能力,调整肾上腺和生殖器的活动,让泌尿系统功能恢复正常。

动作做法:

①预备姿势:坐在地上,两腿向前伸直,双手放在大腿上。

②向内收左脚,脚跟抵会阴部,向外弯曲右膝,脚内侧贴于地板上(图4.124)。

③向上抬起右小腿,抬起右手,用手肘部内侧托起右脚尖(图4.125)。

④吸气,抬起左手,从脑后向右手靠近并抓住右手(图4.126)。

图4.124 　　　　　　图4.125 　　　　　　　　图4.126

⑤保持此姿势,深呼吸5次。

⑥还原至起始姿势。

(6)简式太阳式

这是人们常做的瑜伽姿势之一,许多瑜伽练习者把它作为每日练习的开始和放松的动作。这个练习对身体的各个不同系统如呼吸系统、消化系统、循环系统、神经系统、肌肉系统、内分泌系统等都能产生作用。这个姿势给人体带来大量的氧气,使人从懒懒散散和昏昏沉沉的状态中清醒过来,放松和兴奋整个人体,让人健康、充满活力。(注意有发烧症状时,不要练习这个姿势)

动作做法:

①两脚并拢站立,抬头挺胸,双手合十于胸前(图4.127)。

②双臂慢慢地举过头顶,深吸一口气,抬头挺胸,上体后屈(图4.128)。

③呼气,上体慢慢地向前下俯身,两手握住脚踝处,两膝伸直,头尽量贴近两膝(图4.129)。

图4.127 　　　　图4.128 　　　　图4.129 　　　　图4.130

④吸气,两手撑地,右脚向后伸展,脚尖着地,成弓步。慢慢抬头并向后仰,挺胸(图4.130)。

⑤左脚向后伸展,两脚靠拢,臀部尽量向上拱起,两臂和两腿伸直(图4.131)。

⑥呼气,慢慢屈膝,使膝盖着地。

⑦抬头,同时身体和臀部向前移,屏气,屈肘,使胸部靠近地面(图4.132)。

⑧呼气,保持胸部的高度,慢慢向前平移,双腿伸直,膝部离开地面,同时腹部向下直到贴住地面,吸气的同时慢慢伸直双臂,上体抬起,头部尽量向后仰,使背部成凹形(图4.133)。

⑨呼气,尽量向上抬高臀部。同时将右腿收回,抬头挺胸。

⑩慢慢呼气,同时收左腿。吸气抬上体,两臂和上体尽量向后屈,头后仰。呼气,还原到开始的姿势,两掌合十于胸前。

图4.131　　　　　　　　图4.132　　　　　　　　图4.133

(7)仰卧放松式

仰卧放松式是让处于紧张状态的人们马上松弛下来的非常有效的姿势。通常在完成了日常瑜伽姿势练习后做这个练习来放松整个身体。它让练习者的呼吸变得缓慢而平稳,放松了紧张的神经,心灵得到平静。它能消除神经衰弱以及失眠等症状,对消化不良、风湿、哮喘、糖尿病和妇女月经不调等症状也有一定的疗效。

动作做法:

①仰卧,全身放松。双腿自然地伸展,两手放在身体两侧,掌心向上,闭上眼睛,自然地呼吸(图4.134)。

图4.134

②把注意力转到呼吸上来。每次吸气时,心里对自己说:"我现在在吸气。"呼气时,就对自己说:"我现在在呼气。"

2) 练习时注意事项

① 选择空腹时进行练习。不可刚泡完澡或者是用餐后马上进行练习。

② 练习动作应缓慢进行,且与呼吸一致。

③ 要集中精神使身体真正感觉到紧张与放松的规律。

④ 完成体位之后,稍微保持这种状态,但是绝对不可非常紧张或者是勉强用力。

⑤ 气息吸进和呼出都必须要缓和、平静,原则上吐气的时间要比吸气的时间稍长。

⑥ 在练习中感觉疲劳时,或者是练习后,切记要"实行完全放松的体位"。

4.5　综合组合训练

4.5.1　拉伸练习(详见本书配套光盘)

预备姿势:直立站姿。

1) 前后柔软步(1 个八拍)

第一至三拍:左脚向前走 3 个柔软步,直立。

第四拍:并步。

第五至八拍:右脚向后退 4 步,成并步。

2) 预备动作

两拍:右脚向侧迈一步成开立,双手下垂。

3) 上肢练习(2 个八拍)

(1) 第 1 个八拍

第一至四拍:左臂向上做侧大波浪一次,还原。

第五至八拍:右臂向上做侧大波浪一次,还原。

(2) 第 2 个八拍:动作同(1)

4)头部练习(2个八拍)

(1)第1个八拍

第一至四拍:头部由左向右绕环一周。

第五至八拍:头部由右向左绕环一周。

(2)第2个八拍

第一至四拍:头部由左向右绕环一周。

第五至八拍:头部由右向左绕环一周。

5)手臂练习(2个八拍)

(1)第1个八拍

第一至四拍:左臂经侧平举后还原。

第五至八拍:左臂由左经上向右下划圆一圈至侧平举后还原。

(2)第2个八拍:动作同(1),但方向相反。

6)转腰练习(2个八拍)

(1)第1个八拍

第一至二拍:两臂侧平举。

第三至四拍:两脚不动,上体向左转体。

第五至六拍;仰头,上体向后倒,做下胸、腰动作。

第七至八拍:上体还原转回原位。

(2)第2个八拍

第一至二拍:上体向右转体。

第三至四拍:仰头,上体向后倒,做下胸、腰动作。

第五至六拍:上体还原转回原位。

第七至八拍:两臂自然下垂于体侧。

7)蹲的练习(6个八拍)

(1)第1个八拍

第一至二拍:半蹲,左臂侧平举,立掌。

第三至四拍:直立,左臂还原。

第五至八拍:动作同第一至四拍。但方向相反。

(2)第2个八拍

第一至二拍:半蹲,两臂侧平举,立掌。

第三至四拍:两小臂胸前交叉,掌心向内。

第五至六拍:上体前倾,塌腰,两臂侧平举,抬头。

第七至八拍:两臂自然下垂。

(3)第3至4个八拍:动作同(1)(2)

(4)第5个八拍

两腿伸直,起踵,两臂斜上举。

(5)第6个八拍

第一至四拍:两臂自然下垂,两脚着地。

第五至六拍:重心移到左腿,右脚尖点地。两臂左侧一位手。

第七至八拍:重心移到右腿,左脚尖点地。两臂右侧一位手。

8)侧腰练习(7个八拍)

(1)第1个八拍

第一至二拍:两臂侧平举。

第三至四拍:上体左侧屈,左臂一位手,右臂三位手,右臂尽量向左侧伸。

第五至六拍:上体还原后前倾,左臂侧平举。

第七至八拍:上体向右侧以髋为轴做绕环一周。两臂随绕动成侧平举。

(2)第2个八拍

动作同(1),但方向相反。

(3)第3至4个八拍

动作同(1)(2)。

(4)第5个八拍

第一至四拍:上体向左侧倒体,左手扶左脚踝关节(图
4.135)。

第五至八拍:上体向右侧倒体,右手扶右脚踝关节。

(5)第6个八拍

第一至二拍:两臂侧平举。

第三至四拍:上体向左侧以髋为轴做绕环一周(图4.136)。

图 4.135

图 4.136

第五至六拍:身体面向8点方向,重心移到左脚,右脚后点地,右臂上举,左臂侧平举。

第七至八拍:两臂侧平举。

(6)第7个八拍

第一至六拍:动作同(5)中的第三至八拍,但方向相反。

第七至八拍:成立正姿势。

9)腹背练习(5个八拍)

(1)第1个八拍

第一至二拍:身体面向8点方向,左脚上前一步,右脚并左脚,同时两臂经上举向后绕。

第三至六拍:挺胸,塌腰,上体前俯,两手沿臀部下移至小腿,胸贴近大腿(图4.137)。

第七至八拍:两手撑地,右脚后滑成左弓步,脚背着地。

(2)第2个八拍

第一至四拍:两臂经胸前交叉成侧平举。

第五至八拍:两手撑地,收右脚成站立姿势。

(3)第3个八拍

动作同(1),但方向相反。

(4)第4个八拍

动作同(2)。

(5)第5个八拍

第一至四拍:身体面向2点方向,左脚后退一步成半右弓步,两臂经前向后绕一周。

第五至八拍:身体面向8点方向,重心移到左脚成半左弓步,两臂经前向后绕一周。收腿成站立姿势(图4.138)。

10)腿部练习(2个八拍)

(1)第1个八拍

第一拍:右脚侧迈一步成右侧弓步,右脚立踵,两臂侧平举,头向右看,重心在右脚上。

第二拍:右臂上举,头向前看。

第三至四拍:右膝关节内扣,右臂由上经左向右绕成侧平举,同时低头、含胸、转头看右手。(图4.139)

图 4.137   图 4.138   图 4.139

第五至六拍:右臂由下经左向右绕一圈,同时右膝向右外展。

第七至八拍:收右脚,还原成站立姿势。

(2)第2个八拍

动作同(1),但方向相反。

11)收势(1个八拍)

第一至四拍:身体面向7点,左脚开始向左侧走三步柔软步,第四步并步,两臂后一位。

第五至七拍:身体面向3点,右脚开始向右侧走三步柔软步,两臂后一位。

第八拍:重心移到右脚上成左脚后点地,两臂交叉于胸前,肘上抬。

4.5.2 形体华尔兹

形体华尔兹是指在形体训练中借助交谊舞中的华尔兹步来完成动作,以锻炼身体为目的的一种练习方式。

1)华尔兹步动作要领

(1)进

第一拍:左脚前迈一步,脚跟先着地过渡到全脚掌,屈膝,身体重心下压移到左腿。

第二拍:收右脚于左脚侧脚尖点地,同时直膝,身体重心移到右脚。

第三拍:左脚脚尖点地,直膝,身体重心移到左脚。

(2)退

第一拍:左脚后退一步,脚尖先着地过渡到全脚掌,屈膝,身体重心下压移到左腿。

第二拍:收右脚于左脚侧脚尖点地,同时直膝,身体重心移到右脚。

第三拍:左脚脚尖点地,直膝,身体重心移到左脚。

(3)向侧的华尔兹(以右侧为例):两脚跟靠拢,提踵

第一拍:右脚向侧迈一步,屈膝,同时上体稍向右倾斜,移重心于右脚(图4.140)。

第二拍:左脚尖踏于右脚后跟处,随即两腿伸直、提踵(图4.141)。

第三拍:右脚稍离地,在左脚旁原地踏一步,成预备姿势站立(图4.142)。

图4.140　　　　　　　　图4.141　　　　　　　　图4.142

(4)转体的华尔兹

两脚提踵站立,两手叉腰。右脚向前做一个柔软步,落地稍屈膝,重心移在右脚上。左脚向前做脚尖步一个(脚尖向右)同时向右转体90°,右脚并左脚成提踵的站立。

2)形体华尔兹组合训练(音乐3/4拍)(详见本书配套光盘)

预备姿势:自然站立。

①第1个三拍:两臂向右侧斜下摆。

②第2个三拍:两臂向左侧斜下摆。

③第3至4个三拍:动作同①②。

④第5个三拍:两臂经右侧向上绕至左侧头顶成左臂斜上举、右臂屈肘倒小臂,两手掌心向外(图4.143)。

⑤第6个三拍:两臂向右侧摆成右臂斜上举、左臂屈肘倒小臂,两手掌心向外。

⑥第7至12个三拍:动作同⑤,但方向相反。

⑦第8至12个三拍:动作同⑤⑥。

⑧第13个三拍:成站立姿势。

图4.143

⑨第14个三拍:左脚向左侧做侧华尔兹步一次,两手叉腰(图4.144)。

图 4.144

⑩第 15 个三拍:右侧华尔兹步一次。

⑪第 16 至 21 个三拍:重复动作⑨⑩。

⑫第 22 个三拍:左侧华尔兹步一次,同时两臂经右绕至左侧头顶成左臂斜上举、右臂屈肘倒小臂,两手掌心向外(图 4.145)。

图 4.145

⑬第 23 个三拍:右侧华尔兹步一次,两臂向右侧摆成右臂斜上举、左臂屈肘倒小臂,两手掌心向外。

⑭第 24 个三拍:动作同⑬,但方向相反。

⑮第 25 个三拍:动作同⑬。

⑯第 26 个三拍:左侧华尔兹步一次,两臂经侧平举平摆成右臂前,左臂后(图 4.146)。

⑰第 27 个三拍:动作同⑯,但方向相反。

⑱第 28 至 30 个三拍:动作同⑯⑰。

⑲第 31 个三拍:身体转向 2 点,右脚向前做华尔兹步一次,两臂上举,掌心

向上(图4.147)。

图 4.146   图 4.147

⑳第 32 个三拍:左脚退华尔兹步一次,两臂经前下向后摆,掌心向前(图4.148)。

㉑第 33 个三拍:动作同⑲。

㉒第 34 个三拍:左脚退华尔兹步一次,同时转体 360°,两臂自然下垂(图4.149)。

图 4.148   图 4.149

㉓第 35 至 38 个三拍:身体转向 8 点,其他动作同⑲⑳㉑㉒。

㉔第 39 个三拍:站立姿势(图 4.150)。

㉕第 40 至 41 个三拍:左脚侧迈一步,重心移到左脚,右脚点地,同时左手后背,右臂胸前平屈(图 4.151)。

㉖第 42 至 43 个三拍:两腿稍屈膝,同时身体向右侧屈(图 4.152)。

㉗第 44 至 45 个三拍:身体还原。

㉘第 46 至 47 个三拍:身体向右侧屈。

㉙第 48 个三拍:身体还原。

㉚第 49 个三拍:重心移到右脚,左脚点地,同时右手后背,左臂胸前平屈。

㉛第 50 至 56 个三拍:动作同㉖㉗㉘㉙,但方向相反。

图 4.150　　　　　图 4.151　　　　　图 4.152

㉜第 57 个三拍:动作同㉙。

㉝第 58 个三拍:站立姿势。

㉞第 59 个三拍:左脚于右前上一步成交叉步,接着右脚向侧迈一步成脚尖立,而后左脚并于右脚成脚尖立。两臂斜下举(图 4.153)。

图 4.153

㉟第 60 个三拍:动作同㉞,但方向相反。

㊱第 61 至 62 个三拍:动作同㉞㉟。

㊲第 63 至 66 个三拍:退华尔兹 4 次,两手后背(图 4.154)。

㊳第 67 个三拍:左脚向前华尔兹,同时右臂屈肘于右肩上,掌心向上;左手经胸前转腕,向右斜前伸出,后摆至斜上举。

㊴第 68 个三拍:动作同㊳,但方向相反(图 4.155)。

㊵第 69 至 70 个三拍:动作同㊳㊴。

㊶第 71 至 76 个三拍:退华尔兹 5 次,两手后背。

㊷第 77 个三拍:左脚前华尔兹一次,两臂动作同⑤(图 4.156)。

图 4.154

图 4.155

图 4.156

㊸第 78 个三拍:动作同㊷,但方向相反。

㊹第 79 至 80 个三拍:向左转体 90°,动作同㊷㊸。

㊺第 81 至 82 个三拍:向左转体 90°,动作同㊷㊸。

㊻第 83 至 84 个三拍:向左转体 90°,动作同㊷㊸。

㊼第 85 至 86 个三拍:向左转体 90°,动作同㊷㊸。

㊽第 87 至 88 个三拍:动作同㊷㊸。

㊾第 89 至 93 个三拍:动作同⑫⑬⑭⑮⑭,但臂为上举(图 4.157)。

图 4.157

㊿第 94 个三拍:左脚前华尔兹一次,左手后背手,右手向前推出(图 4.158)。

(51)第 95 个三拍:右脚退华尔兹一次,左手不变,右手屈肘收于右肩上,同时上体转体 90°,头向后看(图 4.159)。

图 4.158

图 4.159

(52)第 96 至 101 个三拍:重复动作㊽㊾3 次。

(53)第 102 至 106 个三拍:动作同⑯⑰⑱。

(54)第 107 个三拍:动作同㉒。

(55)第 108 个三拍:动作同㉕,还原成站立姿势。

本章小结

通过本章的学习,对身体各部位进行了全方位的训练,熟练掌握了身体基本动作和相关知识,提高了身体协调性和表现能力,为塑造优雅的姿态,培养高雅气质奠定了基础。

思考题

1.基本功包括哪些?

2.步态包括哪些?

3.你能优美地完成一套组合练习吗?

4.在完成气息基本动作练习时需要注意什么?

第5章 基本姿态训练

【本章导读】

本章介绍了人体基本的表情、站、立、坐等动作姿态的标准和要求,以及训练方法,目的是培养良好的身体姿态,为将来从事旅游职业服务打下坚实的形体姿态基础。

【关键词】

标准　服务　禁忌　要领

基本姿态是人最基本的外部表现形式,是身体活动的最基础姿势,也是仪态美的重要内容,它直观地反映出了一个人的气质、风度和修养。在社交活动中,它已成为评价人的综合素质较为重要的方面。基本姿态的训练从表情、站、走、坐等动作姿态的规范性着手。

5.1　表　情

表情是指由面部肌肉变化表现出的内心感受,是内心情绪的外在表现。生活中人的表情千变万化,或喜怒、或爱恨、或愁哀、或惊惧、或贪鄙,这些表情都是由面部不同肌肉收缩后牵拉皮肤造成脸部产生的不同细微变化,借以表达人对外界环境或内心情感的反应和体验,它反映出了此时此刻人的心情和感受,对展示人的魅力起到了关键作用。表情种类繁多,无法逐一介绍,下面重点介绍在社交和工作中常使用的表情:自然表情和微笑表情。

5.1.1　自然表情

这是人们在常态中使用最多的面部表情。此时面部表情肌较松弛、成自然状态,给人以安详、恬静、柔和的感觉。

1)动作要领

额肌稍收缩,使前额肌群上提,前额无皱纹;眉肌舒展,眉尖段稍上提;面部肌肉放松,面部两侧肌群大小对称,嘴唇微闭;目光和蔼、真挚(图5.1)。

图 5.1

2)常出现的问题

由于生活习惯及心理情绪的影响,在常态下,有的人面部会出现肌群不对称、过度频繁眨眼、瞪眼、紧锁眉头、嘴唇倾斜等。

3)纠正方法

①面部肌群不对称的,大都由于单边咀嚼习惯造成,故需要改变咀嚼习惯。

②过度频繁眨眼大多是由于心理上的问题造成,需调整心态。

③瞪眼、紧锁眉头、嘴唇倾斜等多是由于长期的重复性动作造成肌肉的习惯性收缩而成,故需反向练习。

5.1.2 微笑表情

笑是一种语言,在众多面部表情中,最多见的面部表情是笑容。常见的笑有微笑、欢笑、大笑、苦笑、奸笑、傻笑等。在所有笑容中,最具魅力的笑当属微笑。由于微笑面部表情变化不是很大,显露时宛如水里的涟漪慢慢地展开,如同春天般的一缕阳光暖人心脾,恰似清晨的薄雾透出纯真神秘的气息,给人以一种不可抗拒的心灵触动,成为公认的最美丽的表情。生活中,微笑无处不在,其交际功能当推表情之首。

现今服务行业中强调并推崇微笑服务,源于微笑表情对宾客有着很好的诱导作用,对企业形象和效益有着巨大的潜在影响。微笑能主动消除宾客的陌生感,融洽主客关系,使宾客产生良好的心境,在情感上体验到宾至如归,心情舒畅,从而获得精神上的满足。经营者强调微笑服务,也正是看重了它对宾客情感的诱导,在服务中,服务人员的表情是最受关注的肢体动作,它在一定条件下替代了语言的表述,体现出服务者良好的职业素养和对宾客的关怀程度。宾客在接受服务前,首先面对的是服务员,首先接受的是一种精神服务。故服务人员的表情自然成为宾客接受的第一项服务,也可以说是宾客体验服务的第一站。为此,微笑成为满足宾客的精神需求的最主要的方式。当然微笑一定要自然坦诚,发自内心,切不可故作笑颜,假意奉承。

动作要领:眼角和面部肌肉往上,面颊两侧肌肉向后上方收缩,嘴角两端平均地向侧上翘起,唇微闭,尽量不露出牙齿为好。动作要舒缓,面部肌肉要对称。目光要坦然、亲切、有神(图5.2)。

图 5.2

5.1.3　表情的禁忌

①不合时宜、不合场合的表情都是不礼貌、没有修养的表现。

②在正式场合不能放声大笑。笑起来时不能前仰后合,抚肚捶胸。

③在各种场合都不能没头没脑地边看别人边哈哈大笑。倘若别人身上有什么可笑的地方,应克制笑,否则为失礼。

④服务时除自然表情和微笑表情外,忌其他表情。

5.1.4　训练方法

①对镜练习:自己观察表情的表现形式,寻找最佳的自然表情和微笑。

②二人练习:彼此作为展现自然表情和微笑的对象,且能互相评议、帮助、矫正。

③想象练习:主要用于微笑表情的练习。通过想象愉快的事情,自我进行心理调节,以便笑容自然流露。

5.2　站　姿

站立是人生活中最基本的姿势,"站如松"就是指人的站立姿势要像青松一般笔直挺拔。这是一种静态造型的美,是培养优美的动、静仪态美的起点和基础。良好的站姿能表达出人的自信、坦诚、谦和、不卑不亢以及健康向上的精神状态。

站姿重点在一个"直"字上,端正的、正直的躯干是构成"直"的关键。从正面看,站立时身体重心线应在两腿中间向上穿过脊柱及头部,重心要落在两脚之间。只有躯干位置正确,站姿才能显现出迷人的魅力。当然,站立时身体各个部位并不都呈直线形,实际上优美的站姿无论从什么方向看都会呈现出完美的身体曲线:正面看有圆润的肩部和髋部曲线,男性肩和腰部构成了"倒三角"形,女性腰部纤细略带椭圆;从侧面看,脊柱有正常的生理曲线,呈"S"流线型。胸、腰、臀部曲线构成了身体的曲线美;从后面看,背部有蜿蜒伸展的曲线,腰和臀部特殊的凹凸感给人造成强烈的视觉冲击。

站姿优美是服务行业人员所必须具备的基本条件,在服务过程中我们常见的站姿有:基本站姿和持物站姿。

5.2.1 基本站姿

这是最常见的站姿。在这一站姿中,男、女脚和手的姿势可以有一些略微的变化和不同,但挺拔、庄重大方、精力充沛、自信和积极向上的外在形体表现是相同的。

1)女性站姿

(1)标准站姿

动作要领:抬头,颈挺直,两眼平视,下颌微收,面带笑容;收腹,立腰,挺胸,展肩,两肩下沉,躯干挺直,两臂自然下垂于体侧;两脚并拢(或脚尖稍外展)站立(图5.3)。

(2)服务站姿

①丁字步站姿。

动作要领:抬头,颈挺直,两眼平视,下颌微收,面带笑容;收腹,立腰,挺胸,展肩,两肩下沉,躯干挺直,两臂自然下垂,两手于腹前交握;两腿并拢,两脚尖外展,左(右)脚在前,左(右)脚跟靠于右(左)脚内侧足弓处,身体重心可在两脚间移动,能减轻站立的疲劳(图5.4)。

②小八字步站姿。

动作要领:抬头,颈挺直,两眼平视,下颌微收,面带笑容;收腹,立腰,挺胸,展肩,两肩下沉,躯干挺直,两臂自然下垂,两手于腹前或体后交握;两腿并拢,脚跟紧靠,脚尖外展,两脚成60°小八字脚站立(图5.5)。

图5.3　　　　　　　　　　图5.4　　　　　　　　　图5.5

2) 男性站姿

(1) 标准站姿

动作要领:同女性标准站姿。

(2) 服务站姿

① 丁字步站姿。

动作要领:抬头,颈挺直,两眼平视,下颌微收,面带笑容;收腹,立腰,挺胸,展肩,两肩下沉,躯干挺直,右(左)臂自然下垂于体侧,左(右)手后背;两腿并拢,两脚尖外展,左(右)脚在前,左(右)脚跟靠于右(左)脚内侧足弓处,身体重心于两脚上(图5.6)。

② 小八字步站姿。

动作要领:抬头,颈挺直,两眼平视,下颌微收,面带笑容;收腹,立腰,挺胸,展肩,两肩下沉,躯干挺直,两臂自然下垂,两手于体后交握;两腿并拢,脚跟紧靠,脚尖外展,两脚成60°小八字脚站立(图5.7)。

③ 开立站姿。

动作要领:抬头,颈挺直,两眼平视,下颌微收,面带笑容;收腹,立腰,挺胸,展肩,两肩下沉,躯干挺直,两臂自然下垂,两手于腹前或体后交握(体后交握姿势常在保安服务中采用,其他服务一般不采用);两腿开立与肩同宽,重心在两腿之间(图5.8)。

图5.6   图5.7   图5.8

5.2.2 持物站姿

在特殊情况下,因为需要人们会持物站立。比如在生活和交往中持物等候或等待递交以及餐饮服务、康体服务等都会出现持物的站姿。持物站姿除手臂的动作和基本站姿有所不同外,其余动作要领相同。

1）双手持物

两肘关节弯曲，两手掌心向上，持物于胸前。持物可以是托盘或其他物品。其余动作要领同标准站姿(图5.9)。

2）单手持物

①轻托：左(右)臂肘关节弯曲，前臂抬至横膈膜处，手心向上持物，右(左)手后背；在服务中一般采用左手托的方式。其余动作要领同丁字步站姿(图5.10)。

②持毛巾等软物品：左(右)臂肘关节弯曲，前臂抬至横膈膜处，手心向里，手指自然弯曲，前臂搭挂物品，左臂自然下垂。其余动作要领同丁字步站姿(图5.11)。

图 5.9   图 5.10   图 5.11

5.2.3 站姿禁忌

①身体倾斜：在站立时，身体重心偏左或偏右。东倒西歪的模样会给人无精打采的印象。

②耸肩：两肩上提。给人以拘谨、紧张感。

③驼背：含胸后造成后背凸起，给人以压抑、不自信的感觉。

④塌腰、挺肚：腰部、腹部松弛，胯向前送，给人以懒散的感觉。

⑤其他：

a.懒洋洋地依靠在墙上或椅子上，这样会破坏自己的站姿及整体形象。

b.在正式场合，不宜将手插在裤兜里或交叉在胸前，更不要下意识地做些小动作，如摆弄打火机、香烟盒、玩弄衣带、发辫、咬手指甲等。这样不但显得拘谨，给人以缺乏自信和经验的感觉，而且也有失仪表的庄重。

c.双手不可叉在腰间,也不可以抱在胸前。

d.女性穿礼服或旗袍时,不要双脚并列,而要用丁字步站姿。

5.2.4　训练方法

①靠墙站立。这是站姿的常规练习方法,要求脚跟、小腿、臀、肩和头紧靠于墙,注意收腹、提气。

②顶物立。要求同基本站姿,头上顶书或碗等物。此练习对体态松弛、驼背等不良身体姿势有很好的帮助。

③对镜练习。要求同基本站姿,此练习可更直观地了解动作质量,便于纠正动作。

5.3　走　姿

走姿即走路的姿态。它是在正确站姿的基础上完成的。流云般优雅的走姿是给人一种风姿绰约、高雅稳健的感觉,它能从另一个侧面反映人的身体状况、精神面貌和性格。走姿包括步幅、步频、步位、步韵。

步幅是指行走时前后两脚之间的距离。标准的步幅是前脚的脚跟与后脚的脚尖约等于一个脚的长度。当然步幅的大小受制于穿着、心境及环境。穿休闲装时步幅可适当大些,以显动感,但不要超过标准步幅的2/3。女性穿裙装时应减小步幅,以显端庄,切忌大步流星。在特定环境中,如工作环境、聚会、表演等步幅大小也会有所不同。

步频是指行走时两脚交替的频率。人行走的正常频率是:男性每分钟100~110步;女性每分钟90~100步。步幅和步频的大小决定了人行走的速度。

步位是指脚落地时的落点和脚尖所指的方向。一般说来,步位最好是两脚落点在同一条直线上,但这一直线男女有所不同:女性要求两脚交替踩在直线上,男性要求两脚跟交替踩在直线上。忌"八"字脚和"鸭子"脚。

步韵是指行走时身体各部分协调配合所表现出的韵律,它是走姿美的精髓所在。美的步韵要求:行走时上体保持正直平稳,肩自然放松,两臂自然摆动,腰胯随腿部轻微扭动,脚腕有弹性。

正确的走姿是:抬头挺胸,颈直,两眼平视,下颌内收,面带微笑;上体保持正直,收腹立腰,肩自然放松,两臂自然摆动,前后摆幅在 45°左右;腰胯随腿部轻微扭动(女性),髋部要保持正直,身体重心随脚前移,迅速跟上;膝关节在脚着地时保持伸直状态,两膝在交错时微微摩擦;两腿迈步要自然、轻盈,前迈腿时脚跟先着地,迅速过渡到全脚掌,收腿时脚跟先提起,踝关节自然放松并富有弹性,步幅和步频适中,两脚走一直线,身体移动平稳。

从事旅游服务行业由于职业要求,在走姿上会有一些不同。酒店餐饮类由于服务的需要,步频会加快,步幅会减小,这主要是考虑到室内环境及顾客心理感受。步幅太大,行走速度太快,会吸引其他客人的注意,同时也容易出现失误;太慢又会使所服务的对象不太满意。故在服务中采用碎步,步幅以半脚为宜,步频适当加快,按正常走姿的速度行进就能二者兼顾。须强调的是:在需要安静或环境幽雅的场合,脚着地时应采用先前脚掌着地再过渡到全脚掌,尽量减少脚着地的声音。景区及导游在服务时,步幅可以加大,步频降低。但是需要注意的是:无论在什么场所,只要是在陪同或是引领客人,就必须跟随客人的行进速度,不得超越或滞怠。下面针对男女不同性别及服务行业的个别岗位特点,把服务走姿分为便步式、直线走姿、高跟鞋走姿。

5.3.1 便步式

这是较适合男性的走姿。

动作要领:抬头挺胸,收腹立腰,两眼平视前方,两腿交替前移,脚跟先着地过渡到全脚掌,脚尖略外展,距离行走直线约 5 厘米(有利于增加身体稳定),两脚跟落于同一直线上,步幅约 40 厘米。身体重心平稳前移,两臂自然摆动,掌心向内,前摆时肘关节微屈约 30°,手不超过身体中线(图 5.12)。

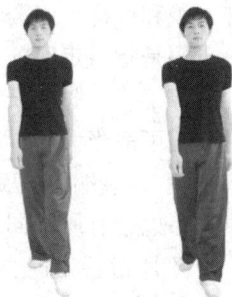

图 5.12

5.3.2 直线走姿

这是较适合女性的走姿。

动作要领:抬头挺胸,收腹立腰,两眼平视前方,两腿交替前移,脚跟先着地迅速过渡到全脚掌,两脚落于同一直线上,步幅约 30 厘米。膝关节在脚着地时须伸直,两膝在交错时微微摩擦,身体重心平稳前移,腰胯随腿部轻微扭动,两臂自然摆动,掌心向内,前摆时肘关节微屈,手不超过身体中线(图 5.13)。

5.3.3 高跟鞋走姿

女性个别岗位因着装要求(如穿西服、旗袍、礼服等)必须穿高跟鞋进行服务,如迎宾、公关等岗位,故须掌握此走姿。

动作要领:昂首挺胸,收腹立腰,全脚掌着地,步态轻盈。穿裙装时步幅宜小,穿长裤时步幅可稍大,其他动作同直线走姿。(图5.14)

图 5.13

图 5.14

5.3.4 变向走姿

在服务过程中,需要改变方向转身行走,因此,除了正常向前行走外,还有后退走、侧身走、转身走。

1)后退走

当服务结束要转身离开时,或避让宾客时使用。

动作要领:退步时腿后移,脚轻擦地面,前脚掌着地过渡到全脚掌,步幅要小,步频宜慢,身体重心平稳后移,忌高抬小腿。(图5.15)

2)侧身走

在引领和讲解服务中使用较多。服务时尽量保持在宾客的左侧前方两步的位置。

动作要领:上体稍向右转体,左肩稍向前,右肩稍后,身体和头侧向客人,髋部正对前方,下肢动作同向前的走姿(图5.16)。

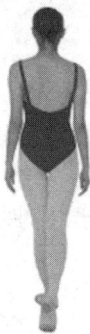 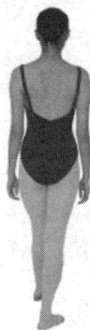 

图 5.15　　　　　　　　　　　　　　　　图 5.16

3)转身走

转身走分为前转身走和后转身走。在各种服务中都有运用。

（1）前转身走

动作要领:右(左)脚落地时,迅速将身体重心移动到右(左)脚,以右(左)前脚掌为轴,向左(右)转体 90°(或 180°),同时向前迈左(右)脚(图 5.17)。

图 5.17

（2）后转身走

动作要领:(以左脚先退为例)先向后退两步,在第三个后退步(左腿)迈出的同时,以(右脚)前腿脚掌为轴,向左转身 180°,脚落地时,脚尖应指向行进方向,接着迅速将重心移到左腿上,右脚收回向前迈出。注意转身时应先转身,后转头(图 5.18)。

图 5.18

5.3.5　走姿禁忌

①内八字脚。两脚跟外展,两脚尖内扣。这样的走姿会让人觉得时刻会被绊倒,让人感觉担忧和别扭。

②外八字脚。脚尖外展超过 30°,行走时会让人觉得张牙舞爪。

③"鸭子"脚。两脚分别落在两条直线上,行走时重心左右晃动。姿态显得很笨重。

④头部前伸。颈部前屈,头不在身体重心垂线上。姿态表现出没有自信。

⑤弯腰驼背。含胸,腰前屈,造成背部凸出。给人以老态龙钟的感觉。

⑥歪肩晃膀。两肩高矮不对称,行走时两肩前后晃动。这样的姿态会给人以轻薄的感觉。

⑦肩部僵硬。两肩不松弛,使得上体显得死板。这样的姿态会给人以拘谨的感觉。

⑧臀部后撅。髋部过度后收,使身体重心前移。这样的姿态会给人以压抑的感觉。

⑨身体上下抖动。过度表现踝关节的弹性,使身体出现上下跳动。这样的姿态会给人不稳定感。

⑩挺肚子。腰、髋前送,未收腹,肩后仰。这样的姿态犹如孕妇。

5.3.6　训练方法

1) 摆臂练习

动作要领:单(双)臂摆动时以肩为轴,肩部放松,前摆时手不宜过身体中线,摆幅不宜过大,忌向外摆动(图 5.19)。

2) 步幅练习

(1) 滚动步

体会出步方向、步幅大小及重心移动过程。

动作要领:

预备姿势:收腹立腰,沉肩挺胸,两手叉腰,梗颈,紧臀。

①前迈右脚,同时移动重心到右脚(图 5.20)。

②左脚前移至右脚的脚弓中间处,脚尖点地,膝关节正对前方(图 5.21)。

图 5.19　　　　　　　　　　图 5.20　　　　　　　　　图 5.21

(2) 行走练习

沿直线按标准步幅缓慢行走。观察两脚落地是否在直线上,步幅是否正确(图 5.22)。

图 5.22

动作要求：①上体保持正直，收腹立腰，沉肩挺胸，两手叉腰，梗颈，紧臀。②重心前移时注意身体姿势应就势变化，忌僵硬或出现前后左右晃动。

（3）步频练习

按标准步频行走，感受行走速度。可通过打节奏或按音乐节奏练习。

动作要求：①男女步频标准可根据身高等自身条件适当调整。②男性应表现出步伐稳健、刚毅；女性应表现出步伐轻盈、优雅。

（4）对镜练习

观察全身姿态是否符合走姿标准。

（5）变向练习

变向走姿训练时应先慢练，而后再用正常速度练习。

5.4　坐　姿

坐姿即坐的姿态，它是工作、社交和休息的一种基本体态。坐姿在日常生活工作中占有较多的时间，在体态中较为重要。它主要是以臀部作为支点，减轻了下肢的承载力，所以它能维持人们长时间的工作、交流、等待及停留，使人无论是工作还是社交休闲都更为从容自如。优雅端庄的坐姿能体现一个人的静态美感，它从另一个侧面反映出了一个人的文化修养程度，同时也传递着自信、友好、热情的信息。我们都有这样的经历：在和某些人交谈时，对方不雅的坐姿使自己无所适从或觉得厌恶。而娴雅的坐姿给人惬意、尊贵的感觉。为此，培养自己优雅端庄、舒适的坐姿，不仅能给对方一种美感，同时也给对方以尊重感。

在坐姿训练中最难掌握的是上体姿态，也是关键所在。总的说来，坐姿要符合端庄、大方、从容、得体、优雅的整体要求。坐姿包括正坐、侧坐和大腿重叠式坐3种姿态。区分坐姿的关键在于双腿与双脚的摆法，而采用哪种坐姿就座要根据不同的场合与服饰来确定。女性切记两个膝盖一定要并拢，假如你穿着的裙子较短时一定要小心盖住。特别是一些经常从事走动工作或要上高台坐下的女性，都不适合穿太短的裙子，并且不能把两腿分开。男士坐的时候膝部可以分开一点，但不要超过肩宽，也不能两腿叉开，半躺在椅子里。

5.4.1　正坐

这是一种正式场合的坐姿，又称礼仪坐姿。在正式会面、各种行业的窗口服务时采用。

动作要领:面带微笑,双眼平视,下颌微收;收腹立腰,挺胸沉肩,上体自然挺直;两臂自然弯曲,两手交握放于膝上;两腿并拢,小腿垂直地面或稍内收,脚跟靠拢;臀部坐于椅子的中部。(图5.23)另外,女性正坐时两小腿可以前后分开,一条腿动作不变,另一条腿后屈,前脚掌着地,两脚内侧在一直线上(图5.24);男性正坐时可以两腿分开,但两脚的距离不能超过肩宽,两小腿须垂直于地面(图5.25)。

图5.23　　　　　图5.24　　　　　图5.25

5.4.2　侧坐

此坐姿一般在同左右侧宾客交谈时采用。

动作要领:上体动作同正坐。两膝左(右)转45°,左(右)臀坐于椅子的中部,右(左)臀偏前,小腿垂直于地面,双腿并拢。(图5.26)另外,小腿也可斜置于右(左)侧,两膝并拢,右(左)脚跟靠于左(右)脚内侧足弓处,两脚跟提起,脚掌着地。(图5.27)或者右(左)小腿右(左)侧回屈,前脚掌内侧着地,左(右)脚挂于右(左)脚踝关节处,两腿并拢(图5.28)。

5.4.3　大腿重叠式坐

这种坐姿显得较随意,女性采用时一般都需着裙装,否则不宜采用。

动作要领:上体动作同正坐。左(右)小腿垂直于地面,全脚掌着地,右(左)大腿放于左(右)大腿上,右(左)小腿内收,靠于左(右)小腿处,脚尖向下(图5.29)。

图 5.26　　　　　图 5.27　　　　　　图 5.28　　　　　图 5.29

5.4.4　入座、离座

1)入座

预备姿势:立于椅子正前方或椅侧。

动作要领:(以立椅侧为例)

①右脚侧迈一步至椅子前正中位,左脚并右脚,两手体前交握(图5.30)。

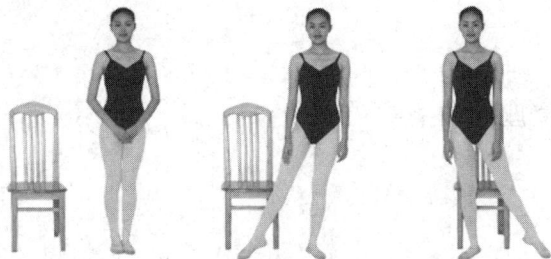

图 5.30

②落座时上体稍前倾,重心和臀部稍后移,两腿弯曲;身体随重心下移,顺势坐下(图5.31)。

③落座后及时调整坐姿。

④注意在动作过程中保持好收腹立腰、挺胸、梗颈的动作。

2)离座

预备姿势:正坐坐姿。

动作要领:(图5.32)

①上体稍前倾,重心稍前移,两腿用力伸直,起身后身体姿势成站姿。

②左脚侧迈一步,右脚并左脚,出椅子。

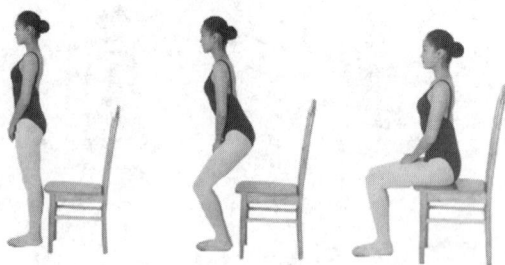

图 5.31

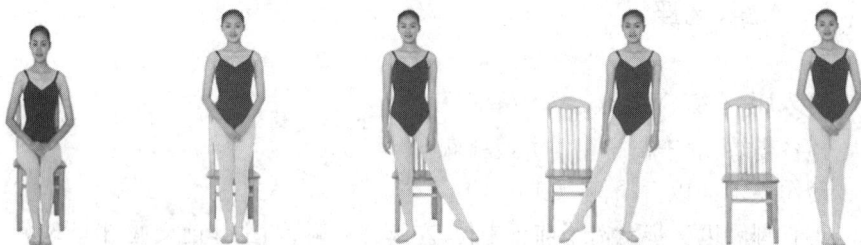

图 5.32

5.4.5 入座、离座的注意事项

1）入座

①出于礼貌，应在别人之后入座。和客人一起入座或同时入座时，要分清尊卑，先请对方入座。

②如果条件允许，应从座位的左侧入座。

③应主动向周围的人致意。在就座时，如果附近有人，应该主动跟对方打招呼。即使不认识，也应该点头致意。在公共场合，要想坐在别人旁边，应征得对方的允许。同时，就座时要放轻动作，不要使座椅乱响。

④应背对座椅。在别人面前就座，最好背对着自己的座椅，这样就不至于背对着对方。具体的做法是：先侧身走到座椅正前方，背对着座椅站立，右腿后退一小步，以右小腿感觉一下座椅的位置，然后随势坐下。必要时，可用一只手扶着座椅的把手落座。

⑤着裙装就座时，应上体稍前倾，同时双手（或单手）把裙装的后摆抚平再落座。

2）离座

①在离座时，事先说明。离开座椅时，身边如果有人在座，应该用语言或动作向对方先示意，随后再站起身来。

②在离座时，注意起身的先后次序。按照"高者先、低着后"离座。双方身份相似时，可以同时起身离座。

③在离座时，最好动作轻缓，不要"拖泥带水"，弄响座椅，或将椅垫、椅罩掉在地上。

④在离座时，从左侧离开。和"左入"一样，"左出"也是一种礼节。

5.4.6　坐姿禁忌

1）落座

前倾后仰；上体姿势不正确。

2）坐下后

①双腿抖动：双腿摇摆或颤动。这样的姿态会给人以缺乏修养的印象。

②歪歪扭扭：上体没有保持正直，脊柱左右歪斜。这样的姿态会给人以懒惰的感觉。

③腿长久的前伸：这样的姿态会给人以松散的感觉。

④高翘"二郎腿"：一只脚的踝关节架在另一条大腿上，更严重的是弓背低头。这样的姿态会给人以蔑视的感觉。

⑤两腿分开：两脚靠拢，两膝呈分开状。这样的姿态很不美观，有失典雅。

⑥随意挪动椅子：对放好的椅子不应随意挪动，如确实需要挪动，应征求意见得到允许后才能挪动，否则这样会给人没有教养的感觉。

⑦两脚呈内八字状：两脚尖内扣，呈内八字状，这样的姿态给人很别扭的感觉。

3）起坐

①猛起：起坐速度过快。这样的姿态会给人粗鲁无礼的感觉。

②脚尖冲向对方：移动脚时，脚部动作不轻柔，会对人造成咄咄逼人的架势。

5.4.7 训练方法(最好对镜练习)

1)入座

观察动作是否轻盈、和缓、平稳,上体是否保持正直。

2)离座

观察起身是否轻缓,离座仪态是否得体。

3)不同坐姿

练习各种坐姿的方式,掌握各种坐姿的仪态。

(1)盘腿坐(图5.33)

动作要领:两腿弯曲,两脚脚心相对盘于腹前,两手扶膝。收腹挺胸,立腰提气,沉肩,抬头立脖,下颌微收。

(2)单腿盘坐(图5.34)

动作要领:一脚盘坐,另一脚腹前弯曲,全脚掌落地,收腹立腰,上体稍前倾。

图5.33

图5.34

(3)正坐

按大腿重叠式坐正坐的动作要领练习,注意男女的不同动作。

(4)侧坐

按侧坐的动作要领练习。

(5)大腿重叠式坐

按动作要领练习。

4)坐姿组合练习

练习包括了几种坐姿及身体各部位的屈、伸、控、摆等动作,对培养正确的坐姿和优雅的仪态有很好的帮助。(详见本书所附光盘)

预备姿势:正立于椅子旁(图5.35)。

(1)第 1 个八拍

①第一至二拍:右脚侧迈一步,脚尖点地,同时两臂经侧,成右臂侧平举和左臂斜上举(图 5.36)。

②第三至四拍:右脚正前方迈一步,重心前移,左脚尖点地,同时右臂经前,左臂经后,绕至左臂斜前举,右臂斜后下举。(图 5.37)

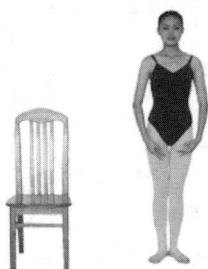  

图 5.35　　　　　　　　　图 5.36　　　　　　　　　图 5.37

③第五至八拍:动作同①②,但方向相反。

(2)第 2 个八拍

①第一至二拍:右脚前侧迈一步,同时两臂成右六位手位(图 5.38)。

②第三至四拍:右臂向侧打开,同时以右脚为轴,向右转体 360°,两臂成二位手,两脚成并立(图 5.39)。

③第五至六拍:两臂成七位手(图 5.40)。

图 5.38　　　　　　　　　图 5.39　　　　　　　　　图 5.40

④第七至八拍:还原成立姿。

(3)第 3 个八拍

①第一至二拍:右脚后退一步至椅子前,两手于腹前交握(图 5.41)。

②第三至四拍:重心后移,左脚并右脚(图 5.42)。

图 5.41   图 5.42   图 5.43

③第五至八拍:落座成正坐(图 5.43)。

(4)第 4 个八拍

①第一至二拍:右脚后退一小步成前后开脚式正坐(图 5.44)。

②第三至四拍:右脚还原(图 5.43)。

③第五至八拍:动作同①②,但方向相反。

(5)第 5 个八拍

①第一至二拍:两臂经体前交叉平举向侧打开(图 5.45)。

图 5.44   图 5.45

②第三至四拍:两臂向下落于体侧,手扶椅子边沿(图 5.46)。

③第五至八拍:两腿屈膝上抬,脚尖绷直(图 5.47)。

(6)第 6 个八拍

①第一至四拍:两腿伸直成前控腿(图 5.48)。

②第五至六拍:两腿屈膝上抬,脚尖绷直(图 5.47)。

③第七至八拍:两腿还原成正坐(图 5.46)。

(7)第 7 个八拍

①第一至二拍:上体左转 90°,两腿分开成弓步,左腿屈膝,脚尖点地;右腿后伸,大脚趾内侧点地;同时右臂上举(图 5.49)。

②第三至六拍:上体向后下腰一次(图 5.50)。

　　图 5.46　　　　　图 5.47　　　　　　图 5.48　　　　　图 5.49

③第七至八拍:上体还原(图5.49)。

(8)第8个八拍

①第一至四拍:右臂经后绕至上举,同时胸部做波浪一次,上体前俯(图5.51)。

　　　　　图 5.50　　　　　　　　　　　图 5.51

②第五至八拍:胸部做波浪一次,上体还原(图5.52)。

图 5.52

(9)第9个八拍

①第一至二拍:上体右转,同时右臂经侧至七位手位(图5.53)。

②第三至四拍:上体左转,右臂向左侧平移成胸前平屈,掌心向上(图5.54)。

③第五至六拍:上体右转,同时右臂平打开至七位手(图5.55)。

④第七至八拍:两手扶椅子边沿,两脚收回,身体还原成正坐(图5.56)。

图 5.53   图 5.54

（10）第 10 至 13 个八拍的第一至四拍

从（5）中的③开始至（9）重复动作，但方向相反。

（11）第 13 个八拍的第五至八拍

①第五拍：两脚绷脚尖，同时左小腿前摆，右小腿后摆（图 5.57）。

②第六拍：动作同①，但方向相反（图 5.58）。

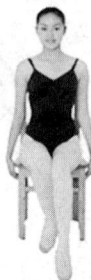

图 5.55   图 5.56   图 5.57   图 5.58

③第七拍：动作同①。

④第八拍：两腿伸直，两脚绷脚尖（图 5.59）。

（12）第 14 个八拍

①第一至二拍：两脚勾脚尖（图 5.60）。

图 5.59   图 5.60

②第三至四拍:两脚绷脚尖。

③第五至六拍:两脚勾脚尖。

④第七至八拍:两脚绷脚尖。

(13)第15个八拍

①第一至二拍:两腿收回成正坐,脚尖点地(图5.61)。

②第三至六拍:两腿屈膝上抬,同时小腿左侧外展(图5.62)。

③第七至八拍:动作同②,但方向相反。

(14)第16个八拍

①第一至二拍:动作同第15个八拍的③。

②第三至四拍:小腿回正中位。

③第五至六拍:还原成正坐(图5.63)。

图5.61   图5.62   图5.63

④第七至八拍:上体前倾,胸部做波浪一次,两臂经两腿侧向上绕(图5.64)。

(15)第17个八拍

①第一至二拍:上体还原,两臂至三位手(图5.65)。

图5.64   图5.65

②第三至四拍:两腿分开,同时两手撑膝。

③第五至六拍:上体前倾(图5.66)。

④第七拍:向下压右肩一次(图5.67)。

图5.66　　　　　　　　　　　　　图5.67

⑤第八拍:肩还原。

(16)第18个八拍

①第一至二拍:动作同第17个八拍④⑤,但方向相反。

②第三至六拍:两臂前伸(图5.68)。

③第七至八拍:上体还原,两脚收回成正坐,同时两臂经三位手向后握椅背两侧(图5.69)。

图5.68　　　　　　　　　　　　　图5.69

(17)第19个八拍

①第一至四拍:仰头,肩后倒做下腰动作(图5.70)。

②第五至六拍:身体左转45°成侧坐。两臂屈臂胸前交叉(图5.71)。

③第七至八拍:两手向内翻转360°成两臂交叉斜前举(图5.72)。

(18)第20个八拍

①第一至四拍:身体还原成正坐,两臂打开经七位手向后握椅背两侧(图5.73)。

②第五至八拍:动作同第19个八拍①。

图 5.70　　　　图 5.71　　　　　图 5.72

（19）第 21 个八拍

①第一至四拍：动作同第 19 个八拍②③，但方向相反。

②第五至八拍：身体还原成正坐，两臂打开经七位手还原成两手腹前交握（图 5.74）。

（20）第 22 个八拍

①第一至二拍：起立（图 5.75）。

   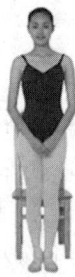

图 5.73　　　　　　　　　　　图 5.74　　　　图 5.75

②第三拍：右脚前迈一步，两臂胸前交叉，掌心向内（图 5.76）。

③第四拍：左脚侧迈一步，脚尖点地，两臂侧平举（图 5.77）。

④第五拍：身体重心移到左腿，两臂经体侧向右绕（图 5.78）。

⑤第六拍：右脚于左脚后点地，同时两臂经右下向上绕至左上举（图5.79）。

图 5.76　　　　图 5.77　　　　图 5.78　　　　图 5.79

⑥第七拍:右脚侧迈一步,身体重心移到右腿,两臂经右向下绕至体侧(图5.80)。

⑦第八拍:动作同⑤,但方向相反。

(21)第23个八拍

①第一拍:左脚向侧迈一步,同时左臂成后一位手,右臂斜上举(图5.81)。

②第二拍:身体和两臂做左侧波浪一次(图5.82)。

③第三至四拍:动作同②,但方向相反。

图5.80   图5.81   图5.82

④第五拍:左脚斜前方点地,左臂二位手,右臂七位手(图5.83)。

⑤第六拍:身体重心前移至左脚,同时身体左转360°,成两脚并立,两臂经二位手至七位手(图5.84)。

⑥第七至八拍:还原成一位手站立(图5.85)。

   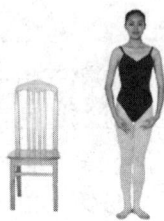

图5.83   图5.84   图5.85

(22)第24个八拍

①第一至四拍:两臂经下交叉至头顶向两侧打开成侧平举,掌心向上(图5.86)。

②第五至八拍:掌心向下还原成一位手(图5.87)。

图 5.86

图 5.87

本章小结

通过本章的学习和训练,希望能熟练掌握基本姿态中的站、走、坐等的所有动作姿态及禁忌,同时培养正确的仪态美观念,提高表现身体优美姿态的能力,树立内外合一的形体理念,使形体美能贯穿于生活中的各个角落。

思考题

1.为什么要微笑服务?

2.常见的站姿有哪些?

3.常见的坐姿有哪些?

第 6 章

服务姿态训练

【本章导读】

本章通过模拟服务过程中的基本姿态和操作动作,对服务过程中的姿态进行强化训练,目的是使服务动作更加规范,姿态更加优美,服务更加自信。

【关键词】

迎宾　引领　蹲　斟酒　接待

服务姿态就是指服务人员在操作时身体活动的姿势,它不仅要求规范、得体,还要求在肢体的表达中让宾客得到视觉上的享受,具有欣赏价值,这是服务的升华。因此,服务姿态练习也是旅游类专业的学生形体训练课程的重要训练内容之一。

6.1　前厅服务姿态

6.1.1　迎宾

迎宾服务对宾客第一印象的形成起着重要作用。服务人员得体、优美的服务姿态,反映着高质量的服务水平和生机勃勃的企业文化。在迎宾时,服务人员按照自己的岗位职责不同,迎宾姿态也有所不同。具体分为:站姿迎宾、车门迎宾服务、自动门迎宾服务、转叶门迎宾服务、拉门迎宾服务。

1)站姿迎宾

站姿是服务过程中的基本姿态,也是很多服务岗位特定的服务姿态。它是接待、服务客人时的第一个服务姿态,也是客人接受服务的开始。在前厅服务中,站姿迎宾可使客人更能感受到尊重和亲切,同时好的站立姿态也为获得客人的好感奠定了基础。但采用何种站姿迎宾,则要根据服务的性质来确定。如礼仪迎宾一般采用丁字步站姿,而前台迎宾一般采用小八字步站姿,而且男女在站姿上也有区别。因此,在迎宾的时候,应选择好站姿的方法。

站姿的方法在本书第 5 章的 5.2 节中曾详细介绍过,这里就不再介绍。需要掌握的是:无论什么站姿,都必须做到自然平稳,身体正直;表情诚恳,微闭嘴唇,下颌微收;两肩水平,稍向后振;胸向前上方自然挺拔;立腰收腹,夹臀前送;精神饱满。切忌过于随便、探脖、塌腰、耸肩、双腿弯曲或不停地抖动。

在个别特殊时刻,无论你是迎宾还是正在做别的服务工作,可能都会成为一名站姿迎宾者。如有重要宾客抵达,那么在抵达时,所有在场服务人员都需要采取肃立的姿势来迎接尊贵宾客的到来,以示尊重。这种肃立的姿势(也叫正立站姿)应当是身体正直,双手置于身体两侧,两腿自然并拢,脚跟靠紧,脚掌呈"V"字形。(图 6.1)

2)车门迎宾服务

这是客人乘车抵达时的迎宾服务。服务要求:当来宾乘坐的车辆抵达时,迎宾员应做到车停人到。

动作要领:左手拉开车门成 70°左右,右手指并拢伸直置于车门框上沿(图6.2),以免客人头部碰撞到车顶门框;两脚稍分开站立,立腰,上体稍有前倾,两眼余光注视车门框上沿;待客下车后,将车门轻轻关上,向司机示意招手"再见"动作。

"再见"动作要领:右臂屈肘抬起,手掌朝外与耳平齐并轻轻晃动,目视客人微笑道别(图 6.3)。

图 6.1   图 6.2   图 6.3

3)自动门迎宾服务

自动门礼仪迎宾服务由以下几个分解动作组成:

（1）迎宾员站位

动作要领：迎宾员站立于门外一侧，与自动门保持适当距离（以不影响开门为宜），身背与门面夹角呈45°，保持正立姿势。

（2）小八字步站姿

动作要领：当宾客走近2~3米处时，由正立姿势换成腹前交握式小八字步站姿。

（3）"请"

动作要领：右臂屈肘上抬，手与腰带平高，距离腹前约10厘米，掌心向内，手指不过衣扣垂直线，右臂肘关节向前略打开。以右臂肘关节为轴，前臂平打开，掌面与地面成45°角，手指向自动门中下方，同时身体重心稍移向右前方，胸和脸部向左转并以礼貌用语配合，微笑迎客，视线跟随客人移动（如图6.4）。

图6.4

（4）右手回收

动作要领：待宾客进门，其身体越过迎宾员的指尖时，迅速将右手收回。

（5）左转体45°

动作要领：向左转体45°，还原成站立姿势。

4）转叶门迎宾服务

动作要领：在自动门服务分解动作要领的基础上，主动帮助宾客转动叶门。门转动速度宜慢些，以便宾客安全入厅。

5）拉门服务

动作要领：当客人进出时要为客人拉门，拉、关门的时机是服务的重点。拉门应该有一个提前量，应在客人到达门口前就把门拉开，并始终拉住门，直到客人离开后再关门回位。注意不要让门碰到或夹住客人。

6.1.2 引领

引领是前厅部向客人提供的一项重要服务。由于客人对饭店环境不太熟悉，服务员应热情地问候客人，并主动引领。宾客走近时行"点头礼"或"鞠躬礼"，再做"请"和引领到目的地的动作。

1）点头礼

动作要领：服务站姿，头向前倾15°左右，面带笑容。

2) 鞠躬礼

动作要领:服务站姿,以腰为轴,身体前倾 30°左右,眼睛看着授礼者的鞋面,面带笑容(图 6.5)。

3) "请"的动作

动作要领:右臂侧屈肘(也可两臂右侧屈肘),掌心朝上,同时身体重心稍移向右前方,胸和脸部向左转并以礼貌用语配合,微笑迎客,视线跟随客人移动(图 6.6)。

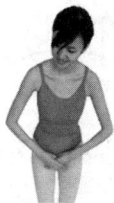 

图 6.5   图 6.6

4) 行走

动作要领:引领客人行走时,要走在客人的左前方,距离两三步。走姿步伐节奏要与客人保持一致,身体应微微侧向客人,观察客人是否跟上。在拐弯处或人多时,应稍停顿,用"请"的手势和礼貌语言,回头招呼客人,示明行进方向。

5) 到达目的地

动作要领:到达目的地时应主动用手和礼貌语言示意目的地,并成服务站姿一旁等候,待客人确定后,再告辞离开。

6) 引领中要注意的问题

①等候客人:引领客人到接待处后,应注意保持良好的站姿,站在总台侧边,客人身后 1.5 米处,等候客人办理住宿登记手续。

②引领客人至客房:客人办完入住登记手续后,主动上前从接待员手中领取房门卡或房间钥匙,帮助客人提行李,并引领客人到房间。途中,要热情主动地问候客人,向客人介绍饭店的服务项目和设施。

③乘电梯:引领客人到达电梯口时,应主动按电梯按钮。当电梯门打开时,用一只手扶住电梯门,请客人先进入电梯,然后进电梯靠边侧站立并按楼层键。

出电梯时,请客人先出,然后继续引领客人到房间。

④进房:到达房间门口时,用房门卡或钥匙将门打开,开门后立即打开电源总开关,退至房门一侧,用手握住门把手,以防房门回关,接着请客人进房间,而后将房门卡或钥匙交还给客人。如有行李就将行李放在行李架上或按客人吩咐放好,但要注意行李车不能推进房间。进房后,如发现房间有客人的行李或未整理,或是客人对房间不满意,要立即向客人致歉,并与前台联系,为客人换房。

⑤敲门进房:对于已经入住的客人因未带房门卡或钥匙需提供开门服务时,到达房间门口,要先按门铃或敲门,房内无反应时再用房门卡或钥匙开门。开门后,立即打开电源总开关,退至房门一侧,请客人进房间,而后再告辞离开。

6.1.3　行李员

为客人提供行李服务时,行李员应在征得客人同意后,方可提拿行李。搬运行李要轻拿轻放。

1)提包行走姿态

动作要领:微屈膝,身体正下提包,无论左、右手提包,均勿塌肩、晃臂、屈肘,手臂自然下垂,稳提包(箱)(图6.7);行走采用便步式走姿,步伐轻松、稳健,上身挺拔、庄重;包(箱)勿摇摆。

2)箱包车推姿

动作要领:箱包车安放行李后,行李员应在车后推车;两臂屈肘稍内收,保持正常行走姿态推车;眼视前方,余光注意车上行李,上体勿前倾,臀部勿后抬;两臂在行走力作用下推车,注意来往行人,调节车向,勿在车前拉车或低头推车(图6.8)。

图6.7

图6.8

6.2　客房服务姿态

6.2.1　进出客房服务

客房服务员进入宾客入住的客房前必须敲门。

1)敲门(进入客房之前)

动作要领:客房服务员走到客房门口,正立,右臂胸前屈肘,手半握拳,用指关节有节奏地轻敲三下(图6.9),报称客房服务员,然后后退半步,待客人允许后方可进入。

2)退出

动作要领:客房服务员离开客房时,与客人道别,同时后退两步,转身走到房门口,再转身退出并顺手轻轻关好房门,关门时不发出碰撞声音。

图 6.9

6.2.2　递交服务

1)双手递接账单

动作要领:正立,双手握住账单上两个角,字迹方向朝向客人,两眼平视,身体微前倾递上(图6.10)。

图 6.10

图 6.11

2）双手递接衣物

动作要领：将洗好平整叠好的衣物置于袋中，双手托住袋底递上，两眼平视，身体微前倾（图6.11）。

6.2.3 客房卫生服务

1）拉窗帘

夜床服务、房间整理服务，都会关闭或拉开窗帘，这一动作应缓慢、优美。

动作要领：（图6.12）开立，重心移至左腿（或右腿），抬头、挺胸、立腰。双手有节奏地拉动窗帘。

2）蹲姿

清理杂物或捡东西时采用。

（1）交叉式蹲姿

动作要领：下蹲时右脚在前，左脚在后，右小腿垂直于地面，全脚掌着地。左腿在下与右腿交叉重叠，左膝由后面伸向右侧，左脚跟抬起脚掌着地。两腿前后靠

图6.12

紧，合力支撑身体。臀部向下，上身稍向前倾。这种蹲姿在下蹲过程中上身保持基本站姿标准，臀部始终向下。这种蹲姿最适合穿裙装的女服务员。在下蹲时具体哪只脚在前、哪只脚在后视东西的方位而定（图6.13）。

（2）高低式蹲姿

动作要领：下蹲时右脚在前，左脚稍后（不重叠），两腿靠紧向下蹲。右脚全脚掌着地，小腿基本垂直于地面，左脚脚跟提起，脚掌着地。左膝低于右膝，左膝内侧靠于右小腿内侧，形成右膝高、左膝低的姿态，臀部向下，基本上以左腿支撑身体。在下蹲过程中上身保持基本站姿标准，臀部始终向下。在下蹲时具体哪只脚在前、哪只脚在后视东西掉的方位而定。女服务员在穿裤装时可采用这种蹲姿（图6.14）。

（3）半跪式蹲姿

该姿势又叫单跪式蹲姿。它是一种非正式蹲姿，多用于下蹲时间较长，或为了用力方便之时。在下蹲之后，一腿膝部点地，臀部坐在点地腿的脚上，点地腿用脚尖着地。另一条腿应全脚掌着地，小腿垂直于地面。双腿应尽力靠拢。形成一腿蹲一腿跪（图6.15）。

图 6.13　　　　　　　图 6.14　　　　　　　　　　图 6.15

3) 做床

客房服务中的铺床,讲究铺得有型,注重饱满度和平整度,同时,服务员在操作时动作必须规范敏捷,流畅轻松,要一次到位,如甩床单一次到位,就会显得非常平整有型。

(1) 抖单

动作要领:站在床头或床尾中间位置,上体前倾,拉开叠好的床单,随之抖开床单,注意腕关节最大幅度的伸与屈,与抖动时的力度相结合,尽量做到把床单抖开(图 6.16)。

(2) 抛盖

动作要领:上体前倾,两手握住床单角,首先两肘关节内收,然后用力外展,使床单抛盖在床的正中位置上。注意方向和距离一次到位,毛边向下,床单中线不偏离床的中心线(图 6.17)。

图 6.16　　　　　　　　　　　　　图 6.17

(3) 包角

动作要领:一手掀起床垫尾部,另一手向下抹平床单,将其包入夹缝,可包直角,4 个角的式样与角度一致,角缝要平整(图 6.18)。

4)吸尘

地毯每日吸尘,做到整洁卫生,无尘屑。

动作要领:弯腰前倾,双手不停地将吸尘器往前推、后拉、再前推,使你的肩膀、臀部和双脚、双手协调运动起来。要注意双膝微曲,以保护腰部不致劳损。身体随手臂前送而稍前倾,且忌臀部过于后翘,眼睛注视地面(图 6.19)。

图 6.18

图 6.19

6.3   餐厅服务姿态

6.3.1　引客入座

引客入座服务,一般由站立服务、引客、入座、服务、告退 5 个服务环节所组成。

1)站立服务

①引座服务员在引座台内或餐厅大门一侧成服务站姿(一般采用丁字步站姿)迎接宾客。站位、距离参照自动门礼仪服务要求。

②宾客走近 2 ~3 米处时,用所需语言问好招呼。

2)引客

引座服务员做出"请"的动作后,随即领客人走入餐厅。走姿采用直线走姿,行走速度每分钟为 90 步,步幅为半脚距离。

3)入座、服务与告退

动作要领:

①安排入座:先女宾后男宾。引座服务员先用礼貌语与"请坐"动作配合一致(图6.20),示意宾客入座,然后迅速走到椅子后,用两手扶握椅背两侧,将坐椅稍提拉开适当距离(图6.21),宾客就座时,迅速调整椅位,以贴近客人腿部为宜。

图6.20　　　　　　　　　　　　　　　图6.21

②口布服务:引座服务员应从宾客左侧,用右手将杯中的口布取出,轻轻打开,迅速示意给宾客。

③告退:服务完毕,引座服务员成握指式站立,同时配合礼貌语招呼宾客,接着,后退2~3步转体离开。

6.3.2　托盘服务

1)轻托

动作要领:左手向上弯曲,小臂垂直于左胸前,肘部离腰约15厘米,掌心向上,五指分开,以大拇指端到手掌的掌根部位和其余四指托住盘底,手掌自然形成凹形,掌心不与盘底接触,大小臂成90°,左手注意水平(图6.22)。行走时,头正肩平,上身挺直,目视前方,脚步轻快,动作敏捷,精力集中,步伐稳健(图6.23)。

2)重托

动作要领:左手伸开五指,托住盘底,向上托起,弯曲臂肘,向左后方旋转,擎托于肩外上方,做到盘底不搁肩,盘前不靠嘴,盘后不靠发(图6.24)。行走时,右手自然摆动,或扶住盘的前内脚,动作表情显得轻松自然(图6.25)。

图 6.22   图 6.23   图 6.24   图 6.25

6.3.3　斟酒服务

动作要领:服务员站于宾客右侧,稍偏右后方,保持约 1 尺(约 0.33 米)距离;两脚跟靠拢或成丁字步站立,上体自然挺拔,收腹立腰,勿含胸、送胯;托盘及左肩部,尽量向外侧打开,与宾客头部错开较远的距离,以消除客人见托盘靠近而产生思想顾虑;接着,右手拿酒瓶,若两宾客间距离较近,则右脚前迈一小步,向左转体,侧身靠近餐桌,手从靠近自己胸前的部位经过,手臂自然前伸,稍有屈肘。斟酒时,手持酒瓶中下部位,商标朝向宾客,瓶口约高于杯口 1~2 厘米;最好采用胸式呼吸,或憋气式助控手臂和瓶口的稳定性;上体稍有侧身,挺拔;斟好后,瓶口稍高并加内旋约 30°,将瓶收回(图 6.26)。

6.3.4　托盘组合练习(详见本书配套光盘)

(1)预备姿势

面向 5 点方向,前后分腿立,右脚于左脚后点地,重心在左脚上;左手握住托盘边缘,盘底朝外,右臂三位(图 6.27)。

(2)第 1 个八拍

①第一至四拍:两脚向后做脚尖步碎步后退,右臂经前向下至体侧(图 6.28)。

②第五至八拍:两脚向右做脚尖步碎步转体 180°,面向 1 点方向,两臂经两手持托盘成左手轻托站立(图 6.29)。

(3)第 2 个八拍

原地踏步,右臂自然摆动(图 6.30)。

图 6.26　　　　　　图 6.27　　　　　图 6.28　　　　　图 6.29

（4）第 3 个八拍

①第一拍：重托，左脚右前迈一步，右臂前摆（图 6.31）。

②第二拍：右脚左前迈一步，右臂后摆（图 6.32）。

③第三拍：左脚左后退一步，右臂前摆。

④第四拍：右脚并左脚，右臂后摆。

⑤第五至八拍：重复①②③④动作。

（5）第 4 个八拍

①第一拍：左脚侧迈一步，同时两手握托盘边缘，两臂经左向上绕，左腿支撑，同时右腿绷脚尖右侧直摆（图 6.33）。

图 6.30　　　　图 6.31　　　　　图 6.32　　　　　图 6.33

②第二拍：右脚经前向左侧迈一步，同时两臂经右向下绕至腹前。

③第三拍：重复动作①。

④第四拍：右脚经前向左侧迈一步，接着两脚向左侧迈小碎步，同时两臂经右向下绕至腹前。

⑤第五至六拍：身体面向 8 点方向，屈左腿，右脚于左斜前点地，两臂向左侧送托盘（图 6.34）。

⑥第七至八拍：面向 8 点，两脚脚尖步碎步向右侧退回原位，托盘向右侧摆至腰侧(图 6.35)。

（6）第 5 个八拍

①第一至四拍：两脚脚尖步碎步向左慢转 180°，同时两臂经右向上绕成上举托盘，盘面向前(图 6.36)。

②第五至六拍：两脚脚尖步碎步继续向左转 180°。

③第七至八拍：两脚原地脚尖步碎步，两手持盘经前向下至腹前，托盘立。

（7）第 6 个八拍

①第一拍：两脚向左做脚尖步碎步，同时两臂经右向上绕。

②第二至三拍：屈左腿，右脚向右斜前迈一步成右脚勾脚尖，脚跟着地，同时两臂经左向下成左肩侧立托盘(图 6.37)。

图 6.34   图 6.35   图 6.36   图 6.37

③第四至六拍：动作同①②，但方向相反。

④第七至八拍：两脚向前做脚尖步碎步，同时两臂向前托起托盘(图6.38)。

图 6.38   图 6.39

（8）第7个八拍

①第一至二拍：动作同（7）中的④。

②第三至四拍：两脚向后做脚尖步碎步退，同时含胸收托盘于胃前（图6.39）。

③第五至八拍：左脚向右斜前迈一步，接着两脚向左做脚尖步碎步跑转体360°；同时右手后背、左手轻托托盘，还原成轻托站立（图6.40）。

图 6.40

（9）第8个八拍

重复动作（3）。

（10）第9个八拍

重复动作（4）。

（11）第10个八拍

重复动作（5），但方向相反。

（12）第11个八拍

重复动作（6），但方向相反。

（13）第12个八拍

重复动作（7），但方向相反。

（14）第13个八拍

重复动作（8）。

（15）第14个八拍

①第一至四拍：右脚侧迈一步成两脚开立，左手轻托，上体和右臂向左、后、右做体绕环（图6.41）。

②第五至七拍：上体和右臂向左、后、右做体绕环。

③第八拍：身体面向3点方向，收右脚成轻托站立。

（16）第15个八拍

①第一拍：两脚原地做脚尖步碎步，右手轻柔地置于托盘内做拿物品模拟动作。

②第二拍:屈右腿,左脚前点地,同时右手做派菜动作(图6.42)。

③第三至四拍:向左转体90°,身体面向1点方向,其他动作同①②。

④第五至六拍:向左转体90°,身体面向7点方向,其他动作同①②(图6.43)。

图6.41   图6.42   图6.43

⑤第七至八拍:向右转体90°,身体面向1点方向,两脚开立成轻托站立。

(17)第16个八拍

重复动作(15),但方向相反。

(18)第17个八拍

①第一至二拍:动作同(16)中的①②,但方向相反。

②第三至五拍:动作同(16)中的③,但方向相反。

③第六至八拍:动作同(16)中的④,但方向相反。

(19)第18个八拍

①第一至四拍:身体面向2点方向,两脚脚尖步碎步向后退,同时右臂经前向后绕环一周(图6.44)。

②第五至八拍:动作同①。

(20)第19个八拍

①第一至四拍:左手轻托、右手后背,面向2点方向向前碎步跑(图6.45)。

图6.44   图6.45

②第五至六拍:右脚向2点方向迈一步,成两脚开立,接着左脚向右脚右后方迈一步成左脚右后点地,同时身体左转面向8点方向,右手于托盘上模拟拿酒瓶(图6.46)。

③第七至八拍:右臂向右侧外展,眼看右手的模拟酒标。

(21)第20个八拍

①第一至二拍:模拟斟酒动作(图6.47)。

图6.46　　　　　　　　图6.47

②第三至四拍:模拟收瓶动作,并将瓶放回托盘。

③第五至八拍:身体面向2点方向,左脚向左后迈一步,两脚向左侧脚尖步小碎步急速后退,同时右手后背。最后一拍面向1点方向,左脚支撑,右脚后点地,左手轻托站立。

(22)第21个八拍

①第一至四拍:右手于托盘上模拟拿酒瓶,然后右臂向右侧外展,眼看右手的模拟酒标。

②第五至八拍:模拟斟酒动作、收瓶动作,并将瓶放回托盘。

(23)第22个八拍

身体面向8点方向,其他动作同(19)。

(24)第23个八拍

身体面向8点方向,其他动作同(20)。

(25)第24个八拍

重复动作(21)。最后一拍面向1点方向,两脚并拢,两手于胃前持盘站立。

(26)第25个八拍

①第一拍:左脚前交叉向右侧迈一步,同时两臂向左摆;然后右脚向侧迈一步,同时两臂还原(图6.48)。

②第二拍:左脚后交叉向右侧迈一步,同时两臂向右摆。然后右脚原地踏一步(图6.49)。

图 6.48 图 6.49

③第三、四拍:动作同①②。

④第五至八拍:动作同①②③。

(27)第 26 个八拍

①第一至四拍:身体面向 2 点方向,左脚斜前方迈一步,然后两脚小碎步向左侧弧线跑,同时两手右下举盘(图 6.50)。

②第五至八拍:左腿屈膝支撑,右腿屈膝侧摆,身体面向 8 点方向,两手胸前立举托盘成造型动作(图 6.51)。

图 6.50 图 6.51

(28)第 27 个八拍

①第一至四拍:右脚侧落地,两脚向右,以脚尖步小碎步移动(第三至四拍两脚向后移动),左手于胯部平拿托盘,右手向后绕环一周(图 6.52)。

②第五至八拍:两脚向后脚尖步小碎步移动,右手平拿托盘,左手向后绕环一周。

(29)第 28 个八拍

①第一至四拍:两脚向后脚尖步小碎步移动,左手平拿托盘,右手向后绕环。

②第五至六拍:左脚向侧迈一小步,同时两手右下举托盘,然后小碎步向左

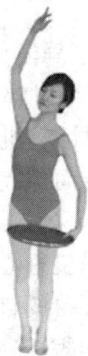

图 6.52   图 6.53

转身 180°,面向 5 点方向成两脚并拢,两手持托盘。

③第七拍:右脚侧迈一步成右弓箭步,同时左手拿托盘于体侧,右臂侧平举(图 6.53)。

④第八拍:还原成准备姿势(图 6.27)。

6.4　导游服务姿态

6.4.1　讲解

导游讲解并不是单靠动口就可以圆满完成的,必须用肢体语言来辅助导游讲解,如果把站姿、眼神、手势、表情等处理得恰到好处,就会增加讲解的效果和魅力。若不注意游客视觉反应,完全凭自己的口才来进行导游讲解,是很难收到良好效果的。讲解时的姿态有站姿、表情、手势等。

1)站姿

站姿能显示导游员的风度。一般说来,导游人员讲解时,身体要挺胸立腰,端正庄重。导游人员若在车内讲解,必须站立,面对客人,可用一只手扶着椅背或扶手栏杆,如有专门的讲解靠背则可将身体适当倚靠。在实地景点导游时,边走边讲的走姿可采用便步走姿,速度要慢。在重要景点讲解时,应停止行走,面对客人,脚采用丁字步站姿或小八字步站姿讲解,重心要稳(参照 5.2.1)。

2）表情

导游的表情应该是丰富多彩的,表情从侧面反映了导游所表达的情感。讲解时的面部整体表情有助于讲解内容的情感表达。如果讲解时导游员"铁面无情"或麻木不仁,没有感情流露,那么他只是一部"会说话的机器"。如果脸上有一定的表情,而缺乏足以表达内心丰富情感的变化,或面部表情过于做作,与所要表达的思想情感不一致、不协调,同样也不能收到良好的效果。

在导游接待客人的时候,微笑是最好的表情。它是良好心境的表现;是善待人生、乐观面世的表现;是自信心的表现;是内心真诚友善的自然表露;还是对工作意义的正确认识,反映出一个导游乐业敬业的精神面貌。（参照5.1.2）

3）讲解时的手势

讲解时的手势不仅能强调或解释讲解的内容,而且能生动地表达讲解语言所无法表达的内容,使讲解生动形象,为游客看得见悟得着。手势在讲解中有以下3种:

①"情意手势":用来表达导游讲解的情感,使之形象化、具体化。如可用握拳的手有力地挥动一下,既可渲染气氛,也有助于情感的表达（图6.54）。

②"指示手势":用来指示具体的对象。如"请看左边"（图6.55）;"请看上方"（图6.56）。站姿采用丁字步站立,话筒放在嘴角下,不要挡住嘴。

③"象形手势":用来模拟物体形状。如用两手比一个球形状（图6.57）。

图6.54　　　　　图6.55　　　　　图6.56　　　　　图6.57

6.4.2　接待

接待就是服务。导游接待要注意动作的规范和展现良好的精神风貌。

1)**鞠躬**

动作要领:参照 6.1.2 中的 2)。

2)**"请"**

动作要领:正立,右臂屈肘左前方打开,手指指向"请"的方向,身体重心略移向右前方,脸、胸部向左转,微笑迎客。游客人多时,"请"的动作还可以两手臂同时左右打开,面带笑容,迎接四方来客。

图 6.58

3)**"握手"**

动作要领:正立,右手前伸,手约与对方腰平齐,握对方右手掌指部位,握力适度,左臂自然下垂;上体稍前倾,目光柔和,点头示意(图 6.58)。

4)**"再见"**

动作要领:参照 6.1.1 中的 2)。

6.4.3　上下楼梯

1)**上楼步**

动作要领:上楼时前摆腿屈膝抬起,后蹬腿支撑,两脚交替上行,两臂自然前后摆动,上体稍前倾,头正目视前方,余光注意脚下,靠近扶手上行(图 6.59)。

2)**下楼步**

动作要领:前摆腿脚踏楼梯,略有屈膝缓冲,目视前下方,两臂自然前后摆动,靠近墙边下行(图6.60)。

图 6.59

图 6.60

本章小结

本章内容综合了旅游行业内各部门一线员工在服务中的基本姿态和操作的主要动作,让练习者在工作场景之中去体会规范、自信、热情的服务动作姿态是如何展现的,以及如何通过动作姿态来表现良好的精神面貌,达到锻炼身体,拓展思维,寓教于乐,提高职业素养的作用。

思考题

1.前厅服务姿态有哪些?

2.请模拟客房服务中的推门服务动作。

3.请模拟餐厅服务中的斟酒服务动作。

4.导游服务姿态有哪些? 你能做出来吗?

5.请模拟发现客人遗落物品时,你下蹲拾物后递交的全过程。

□□ 第 7 章
不良体态的纠正

【本章导读】

本章介绍了不良体态的形成原因和纠正方法，以及不同体型的塑身方法，为现在受"身材"困扰的人们提供了解决问题的办法。

【关键词】

要领　重复次数　要求　瘦型　肥胖

身体畸形，不仅影响了人的外观形象，同时也经常使社交活动陷入尴尬的困境，长此以往不仅造成自卑心理的泛滥，还会给正常生活带来诸多不便。身体形态是由先天骨骼结构、肌肉和脂肪的分布以及发育决定的。它受遗传和后天的营养制约。先天骨骼畸形仅用锻炼的手段是很难从骨骼上加以改变的，但可以用增加肌肉来弥补其缺陷。对于青少年学生，其身体正处于发育的旺盛时期，身体的可塑性较大，因后天的营养不良或身体长时间的不正确姿势所导致骨骼变形和肌肉发育不平衡现象，只要坚持长期、合理的、有针对性的锻炼，是可以使畸形得到矫正的。为此，及时发现并纠正不良体态，强化正确姿态，不仅能使青少年的心理得到健康发展，同时也能使形体更加匀称、和谐而具有美感，长此以往还能逐渐养成良好的体态习惯，为将来参与社会竞争奠定扎实的身心基础。

7.1　不良腿型纠正方法

生活中常见的不良腿型有：八字脚（内、外）、O 形腿。形成这两种腿型的原因：一是童年营养不良导致腿部发育不良；二是因长期不良走姿习惯或穿着有缺陷的鞋造成腿部的个别韧带松弛而形成腿部的变形；另外，个别的人还会因训练方法不当而造成腿部畸形。腿型不好，不但影响了身体姿态的优美，严重时还会影响脊柱的垂直度，使骨骼产生变形。下面针对两种不良腿型分别介绍几种纠正方法。

7.1.1　八字脚纠正方法

八字脚分为内八字脚和外八字脚。内八字脚是指两脚尖内扣,两脚跟外展的行走脚形;外八字脚是指两脚尖外展,两脚跟内收的行走脚形。

1)直线行走

两脚尖和脚跟都在同一条直线上行走,最好是在有埂的直线上练习。

2)盘腿压膝

预备姿势:两腿屈膝外开盘腿坐立,两脚掌相对,两手撑于两膝关节内侧。

动作要领:上体稍前倾,两个手掌用力向下压膝关节的内侧至最大限度后,停止2秒钟左右然后还原(图7.1)。

练习次数:重复30次。

要求:两手用力要均匀缓慢。

3)腿屈伸

预备姿势:两腿并立,双手叉腰。

动作要领:以左腿为主力腿,右腿屈膝上抬、膝关节向前,然后左膝微屈,同时右腿前伸,脚尖着地,膝和脚背向上(图7.2)。

重复次数:左右脚各20~30次。

要求:速度不要太快。

4)举腿

预备姿势:两手体后撑地成直腿坐,两脚并拢,绷脚尖。

动作要领:右腿向上做举腿练习,膝关节向上(图7.3)。

图7.1　　　　　　　　图7.2　　　　　　　　图7.3

重复次数:左右腿各15~20次。

要求:腿部肌肉紧张,要有停留时间。

5)勾绷脚尖

预备姿势:两手体后撑地成直腿坐,两脚并拢。

动作要领:两脚做并脚的勾、绷脚尖练习(图7.4)。

重复次数:30次。

要求:勾脚尖时,脚后跟用力向前推,尽力拉长小腿肌肉,脚尖尽力指向身体。绷脚尖时,脚尖并拢向下压。

要求:两脚尖并拢完成。

6)扣、展膝

预备姿势:坐立,左腿屈膝,脚尖点地,两手于体后撑地。

动作要领:左膝向内扣至最大限度停止8~10秒,而后向外展膝至最大限度停止8~10秒(图7.5)。

重复次数:左右各10次。

要求:上体保持正直,扣和展膝时要用力。

图7.4

图7.5

7.1.2　O型腿纠正方法

1)练习1

预备姿势:坐立,两腿屈膝,两脚成大开立,两手扶膝关节外侧。

动作要领:两手用力向内推膝,尽量使两膝内扣,然后慢慢放开还原(图7.6)。

重复次数:重复做10~15次。

要求:两手推压动作用力要适当。

2）练习2

预备姿势：坐立，两腿屈膝，两脚成大开立，两手于体后撑地，上体稍后倾。

动作要领：两腿用力内夹，使两膝关节尽量靠近，上体和脚不动，动作至最大限度时，停止2秒钟，然后还原（图7.7）。

重复次数：20次。

要求：身体和脚不要用力，动作要缓慢进行。

3）练习3

预备姿势：两脚并拢，用松紧带或绳子将膝关节捆紧（松紧程度以能承受为宜），体前屈、两手扶膝关节处（图7.8）。

动作要领：连续的屈膝下蹲动作（图7.9）。

要求：膝关节屈倾动作要充分到位。

| 图7.6 | 图7.7 | 图7.8 | 图7.9 |

4）练习4

预备姿势：成并膝跪立，两小腿分开，脚背着地，两手叉腰（图7.10）。

动作要领：下坐，使臀部尽量着地，而后还原（图7.11）。

重复次数：连续做20次。

要求：动作缓慢进行。

5）练习5

预备姿势：成侧弓步，两手分别扶在两膝盖部位。

动作要领：做压腿，直腿一侧的手臂用力向下压膝关节的外侧部。

重复次数：左右腿各压30次（图7.12）。

要求：脚背向前。

图 7.10　　　　　　　图 7.11　　　　　　　图 7.12

7.2　不良上体姿态纠正方法

上体是否正直,是对整体形象影响最大的。常见的上体不正主要是:伸脖、斜肩、驼背、挺腹、撅臀、扣肩等,造成上体不正的原因很多,如生活条件、个人习惯、职业特点、个人审美标准等,个别的也会因病理原因造成上体的不正。形成不良姿态不是一天两天的事,它是长期的、习惯性的单一动作造成的结果。如学生中的斜肩大多都是一侧单肩背包造成的。女生中的驼背除了长期不良坐姿的影响,有的还会因胸部发育时羞涩而采用了含胸来掩饰所造成;男生也会因不愿意自己个子太高而有意识地向下缩而造成驼背。造成挺腹的原因除了营养过剩而使腹部脂肪增厚外,腹肌力量差缺乏收腹意识也是一个重要原因。因此,要纠正这些不良姿态,首先要解决长期养成的习惯动作,应该有意识的改变已经形成的不良动作习惯,同时加强锻炼,找到正确的身体姿势,逐渐取代旧有的身体动作习惯,这样才能真正获得一个完美的形体。

7.2.1　伸脖

1)练习 1

预备姿势:两腿并拢,上体保持正直,左臂三位,右臂一位。

动作要领:收紧颈部肌肉,保持喉部与头顶垂直,想象有一根无形的绳子能够垂直拉动喉部与头顶,每收紧一次颈部肌肉为一个动作(图 7.13)。

重复次数:15 次。

要求:颈部肌肉用力向后上方拉伸。

2）**练习 2**

预备姿势：站立。

动作要领：慢慢用力低头，下颚尽量靠近身体，直到最大限度，然后头尽量后仰（图 7.14）。

重复次数：10 次。

要求：练习时上体正直保持不动。

3）**练习 3**

预备姿势：站立。

动作要领：头颈自然放松，向左转头，当下巴转到肩部时，停顿 5 秒左右还原，然后向右转（图 7.15）。

重复次数：10 次。

要求：练习时，头要正，不要抬下颚，有回收的感觉。

图 7.13

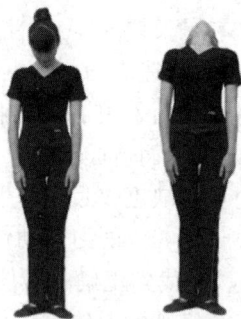

图 7.14

图 7.15

7.2.2　肩不对称

1）**练习 1**

预备姿势：两脚分开，左脚尖点地，重心在右腿上，右臂斜上举，左手叉腰。

动作要领：右臂向斜上、左腿向下用力拉伸，每拉伸一次为 1 个动作（图 7.16）。

重复次数：15 次。

要求：拉伸的腿和手臂始终保持在同一斜线上。

2）练习2

预备姿势:两脚开立,两臂垂直于体侧。

动作要领:肩低的一侧做肩的提沉练习(也可手持重物练习)(图7.17)。

图 7.16　　　　　　　　　　图 7.17

重复次数:20~25 次。

要求:颈与头不要前探。

3）练习3

预备姿势:肩低的一侧持重物,垂直站立或坐。

动作要领:持重物的手臂做侧平举动作(图7.18)。

重复次数:共做 20 次。

要求:手臂保持直臂。

4）练习4

预备姿势:右前弓步,但左腿置于高处的;左直臂、手撑地,右臂侧平举。

动作要领:两臂交替练习,停 30 秒交换(图7.19)。

 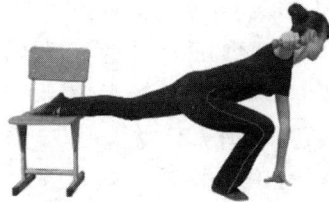

图 7.18　　　　　　　　　　图 7.19

重复次数:30 次共做 5 组。

要求:上体重心移动到撑地的手臂。

7.2.3 驼背

1)练习1

预备姿势:站立,两手叉腰。

动作要领:保持颈部挺直,挺胸,两侧肩胛骨用力向中间夹,尽量挤压背部肌肉。展胸时,头颈也随着后仰(图7.20)。

重复次数:15~20次。

要求:展胸时应吸气,含胸时要随之呼气,呼吸要自然,不要憋气。

2)练习2

预备姿势:面对墙壁(或其他高物)分腿站立。

动作要领:上体挺胸、踢腰,双手直臂扶墙,做拉肩展胸动作。重复次数:20次(图7.21)。

要求:手臂不要弯曲,臂、肩、胸尽量下压。

图7.20　　　　　　　　　　　　　图7.21

3)练习3

预备姿势:两脚开立。(两手可持轻器械)

动作要领:两臂上举,抬头,挺胸,收腹,眼睛平视前方,两脚立踵,保持这个姿势5秒后还原(图7.22)。

重复次数:10次。

要求:尽量保持身体上拉、腿下蹬的姿态。

4）**练习 4**

预备姿势：俯卧、两臂屈肘手撑于体侧。

动作要领：两臂伸直，抬头，挺胸，保持这个动作 5 秒后还原（图 7.23）。

 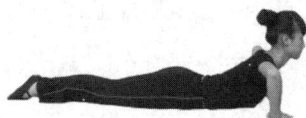 

图 7.22　　　　　　　　　　　　　　　　图 7.23

重复次数：10 次。

要求：上体充分拉长，头向后仰，调整呼吸。

7.2.4　身体不正

1）**练习 1**

预备姿势：向脊柱侧突的反方向侧卧、内侧手臂弯曲，小臂支撑，外侧手臂屈肘扶地，两脚并拢。

动作要领：外侧腿用力向肩侧方做侧踢腿至最大限度，还原成侧卧。

重复次数：做 25 次。

要求：踢腿时充分用力，身体要正，腿要伸直，踢腿时脚背向上。

2）**练习 2**

预备姿势：站立姿势，两手叉腰。

动作要领：脊柱侧突一方的腿屈膝向侧上方抬起至最大限度，另一腿支撑，停止 2 秒钟落下还原（图 7.24）。

重复次数：10 次。

要求：抬脚时上体要正，抬起的膝部要正对肩侧方，还原动作要慢，控制落起的速度。

3）**练习 3**

预备姿势：两脚开立，双手头上举。

动作要领:上体向侧倒屈,以腰为轴做侧倒的腰弹动练习,重心落在两脚上,弹动 2~3 次还原(图 7.25)。

重复次数:5 次。

要求:上体侧屈要正,动作幅度要大。

4)练习 4

预备姿势:两脚开立,两臂侧平举。

动作要领:保持颈、胸、腹三点为一线,俯身上体平行于地面,停止 3~5 秒(图 7.26)。

重复次数:10 次。

要求:尽力拉长背部肌肉。

图 7.24   图 7.25   图 7.26

5)练习 5

预备姿势:两脚前后站立,重心在左脚上,双手叉腰。

动作要领:在身体与地面保持垂直,重心随支撑腿前移的基础上,腿后蹬地伸直,绷直脚面,重点移至右脚上。然后又向后移重心(图 7.27)。

图 7.27

重复次数:20次。

要求:重心移动平稳,身体有所控制,不要歪斜。

6)练习6

预备姿势:两脚前后站立,重心在左脚上,两手叉腰。

动作要领:左脚前点地,前移重心至左脚,向右转体180°成右脚前点地。可行进间完成(图7.28)。

图7.28

重复次数:10次。

要求:转身要快,重心移动要平稳,不要倾倒。

7.3 不同体型的塑身方法

受不同的生活环境和先天身体条件的影响,每个人的体型都不相同,加上有的人对锻炼和饮食缺乏正确的认识,极易造成体态突变。对于正处于青春期年龄阶段的中职学生来说,此时身体处于生长发育高峰,新陈代谢旺盛,身体对各种营养物质需求量大,胃口会非常好。此时因进食较多,极易造成营养过剩,如缺乏适当锻炼,则会体重急剧增加,出现肥胖。但如果营养不足,势必又会造成身体矮小、瘦弱、体质下降。因此,对于塑身,应根据自己的体型,采用科学的锻炼方法和手段,在保证身体需要合理进食的基础上,坚持锻炼,相信一定会收到效果的。下面介绍体型为瘦型、肥胖型、臀部瘦小型和臀部肥胖型的塑身方法。

7.3.1 瘦型

体型为瘦型的人一般活动量较大,消耗热量较多,所以脂肪不易堆积,长此以往才造成这样的瘦弱身材。当然有的也因为身体代谢方面的问题,造成吸收不好,营养物质大量流失而显现消瘦。因此,这样体型的人在做塑身时,要多考虑所选择的运动方法,应选择一些运动强度不大,时间不是很长的有氧运动项目,尤以持轻器械为佳,如持哑铃、拉绳和踏板等。下面介绍几种女子持哑铃负重塑身练习。

1)练习1

预备姿势:站立,两手握铃体侧自然下垂。

动作要领:两臂前平举,手心向下,稍停 2 秒后还原。

重复次数:每分钟反复做练习 20~25 次。

要求:上体保持正直,不乱晃,两臂前平举时与肩平(图 7.29)。

2)练习2

预备姿势:站立,两手握铃(2 千克)于体侧自然下垂。

动作要领:两臂伸直,经前向上向后做绕环。绕环一周为一次。

重复次数:一分钟反复做练习 40 次。

要求:上体保持正直,两臂伸直向后做最大绕环(图 7.30)。

3)练习3

预备姿势:两脚开立,两手握铃(2 千克)侧平举,掌心向下。

动作要领:直臂体前迅速交叉,然后还原成侧平举(图 7.31)。

重复次数:1 分钟反复做练习 30 次,中间不停顿。

要求:上体保持正直,不乱晃,两臂伸直。

图 7.29 　　　　　　图 7.30 　　　　　　　　　图 7.31

4)练习4

预备姿势:站立,两手握铃(2 千克),两臂自然下垂。

动作要领:左臂斜上举,右臂斜下举,两臂后振(图 7.32)。

重复次数:每分钟反复做练习 25 次(也可采用握铃端形式练习)。

要求:两臂上下交换练习。

5)练习5

预备动作:两脚开立,上体前倾 90°,两手握铃(2 千克),两臂下垂。

动作要领:两臂向体后上举,然后还原。

重复次数:每分钟 25 次。

要求:上体控制好前屈的动作,两手后摆至最大限度(图 7.33)。

6)练习6

预备姿势:双脚开立,两手握铃(2 千克),两臂斜下举(图 7.34)。

动作要领:两臂侧平举(也可采用两臂轮换侧平举形式练习)(图 7.35)。

重复次数:每分钟反复做练习 30 次。

要求:两臂侧平举稍有扩胸动作。

图 7.32　　　　　图 7.33　　　　　　　图 7.34　　　　　　图 7.35

7)练习7

预备姿势:两脚开立,两手握铃(2 千克),两臂自然下垂。

动作要领:一手臂前平举,拳心向下,另一手臂不动(图 7.36)。

重复次数:每分钟连续做 25 次。

要求:两臂交替前平举。

8)练习8

预备姿势:俯卧,一手臂屈肘撑地,另一手握铃(2 千克)前伸直臂着地。

动作要领:持铃臂直臂上抬,然后还原(图 7.37)。

重复次数:每分钟反复做练习 15 次。

要求:手臂上抬时停顿 3 秒。

图 7.36   图 7.37

9)练习9(增强腰部肌肉力量)

预备姿势:两脚开立,两臂胸前平屈,两手握铃(2 千克)(图 7.38)。

动作要领:屈膝半蹲,同时上体尽量向左转体,然后还原(图 7.39)。

重复次数:左右方向各 20 次。

要求:两臂与地面平行。

图 7.38   图 7.39

10)练习10(增强腿部肌肉力量)

预备姿势:练习者两脚开立,两臂肩侧屈,两手握铃(2 千克)(图 7.40)。

动作要领:半蹲(图 7.41)。

重复次数:每组 10 次,各 5 组。

要求:下蹲后要有停留,下蹲动作要缓慢。

11)练习11(增强小腿和臂部肌肉力量)

预备姿势:两脚开立,两臂腹前交叉,两手握铃(2 千克)(图 7.42)。

动作要领:两脚慢慢起踵,两臂向侧打开成斜上举,拳心相对,停留 20 秒后慢慢还原(图 7.43)。

重复次数:每 10 次为一组,做 5 组。

图 7.40

图 7.41

图 7.42

图 7.43

7.3.2 肥胖型

肥胖型的人脂肪分布不一定是全身性的,有很多人脂肪分布是局部性的。但无论哪一种肥胖,必须做到热量的支出大于收入,坚持长时间的运动锻炼,才能达到减肥健美的目的。在本书第 2 章的 2.4 中,我们曾经介绍过瘦身训练,同时在第 3 章的 3.3 中也详细地介绍了每个部位的练习,大家可参照进行。下面介绍一套减肥操(详见本书配套光盘)。

1)第一节:调整呼吸(6×8 拍)

预备姿势:两脚开立,两臂下垂。

(1)第 1 个八拍

第一至四拍:两腿经半蹲成直立,两手经腹前交叉向侧成斜上举,吸气(图 7.44)。

第五至八拍:还原成预备姿势,呼气。

(2)第2个八拍

动作同(1)。

(3)第3个八拍

第一至四拍:重心在左脚上,右脚绷脚尖点地,右臂斜上举(图7.45)。

第五至八拍:右臂还原。

(4)第4个八拍

动作同(3),但方向相反。

(5)第5个八拍

动作同(3)。

(6)第6个八拍

动作同(4)。

图 7.44

图 7.45

2)第二节:重心移动(4×8 拍)

(1)第1个八拍

第一至二拍:两手叉腰,右腿屈膝内扣脚点地,重心在两脚间(图7.46)。

第三至四拍:右腿还原。

第五至八拍:动作同第一至四拍,但方向相反。

(2)第2至4个八拍

重复动作(1)。

3)第三节:上肢运动(4×8 拍)

(1)第1个八拍

第一至二拍:原地踏2步,两手立掌经腰间向前推(图7.47)。

第三至四拍:原地踏2步,两手立掌经腰间向侧推(图7.48)。

第五至六拍:原地踏 2 步,两手立掌经腰间向下推(图 7.49)。

第七至八拍:原地踏 2 步,两手胸前击掌二次(图 7.50)。

(2)第二至四个八拍

重复动作(1)。

图 7.46　　　　　　　　图 7.47

图 7.48　　　　　　　图 7.49　　　　　　　图 7.50

4)第四节:头部运动(4×8 拍)

(1)第 1 个八拍

第一至二拍:左脚侧迈一步,两膝屈伸一次,两手叉腰,低头(图 7.51)。

第三至四拍:两膝屈伸一次,抬头(图 7.52)。

图 7.51　　　　　　　图 7.52

第五至八拍:动作同第一至四拍。

(2)第2个八拍

动作同(1)。

(3)第3个八拍

第一至二拍:两膝屈伸一次,头向左侧屈。

第三至四拍:两膝屈伸一次,头向右侧屈。

第五至八拍:动作同第一至四拍。

(4)第4个八拍

动作同(3)。

5)第五节:转腰运动(4×8 拍)

(1)第1个八拍

第一至二拍:两腿弹性屈伸一次,同时两臂屈肘于腰间向下伸臂,手为拳形(图7.53)。

第三至四拍:动作同第一至二拍,但方向相反。

第五至八拍:动作同第一至四拍。

(2)第2至4个八拍

重复动作(1)。

6)第六节:踏步运动(4×8 拍)

(1)第1个八拍

第一至四拍:以左脚开始,两脚交替向前踏4步,两臂前后自然摆动(图7.54)。

图 7.53   图 7.54

第五拍:左脚向右前迈一步,同时两臂腹前交叉(图7.55)。

第六拍:右脚向侧迈一步、脚尖点地,左臂胸前平屈,右臂侧平举(图7.56)。

第七至八拍:重复第五、六拍动作,但方向相反。

(2)第2个八拍

动作同(1),但脚做退步。

(3)第3至4个八拍

动作同(1)(2)。

图 7.55　　　　　　　　　　　图 7.56

7)第七节:胸部练习(2×8 拍)

(1)第1个八拍

第一拍:重心移到两脚间,半蹲,同时右臂胸前平屈,左臂侧平举(图7.57)。

第二拍:两腿伸直,同时右臂侧平举(图7.58)。

图 7.57　　　　　　　　　　　图 7.58

第三至四拍:动作同第一至二拍,但方向相反。

第五至八拍:动作同第一至四拍。

(2)第2个八拍

动作同(1)。

8)第八节:扩胸练习(2×8 拍)

(1)第1个八拍

第一至二拍:半蹲,两臂胸前平屈,向后扩胸一次,掌心向下(图 7.59)。

第三至四拍:两臂侧平举向后扩胸一次(图 7.60)。

第五至八拍:动作同第一至四拍。

(2)第2个八拍

动作同(1)。

图 7.59

图 7.60

9)第九节:转腰运动(2×8 拍)

(1)第 1 个八拍

第一拍:半蹲,左臂肩侧屈,右臂前斜上举向 8 点方向伸出,掌心向下,同时向左转体(图 7.61)。

第二拍:动作同第一拍,但方向相反。

第三至八拍:动作同第一、二拍。

(2)第二个八拍

动作同(1)。

10)第十节:后踢腿运动(8×8 拍)

(1)第 1 个八拍

第一拍:左脚起跳小腿后踢一次,两臂胸前平屈向下扇臂一次(图 7.62)。

图 7.61

图 7.62

第二拍:动作同第一拍,但方向相反。

第三至四拍:动作同第一至二拍。

第五拍:左脚起跳成两脚开立,两臂侧平举扩胸一次(图7.63)。

第六拍:两脚起跳成并脚立,两臂侧平举扩胸一次。

第七拍:两脚起跳成开立,两臂侧平举扩胸一次。

第八拍:动作同第六拍。

(2)第2个八拍

身体面向7点方向重复(1)动作。

(3)第3个八拍

身体面对1点方向重复(1)动作。

(4)第4个八拍

身体面对3点方向重复(1)动作。

(5)第5至8个八拍

重复(1)(2)(3)(4)动作。

11)第十一节:踏步运动(4×8拍)

第1至4个八拍:重复动作6)。

12)第十二节:转腰运动(4×8拍)

第1至4个八拍:重复动作(5)。

13)第十三节:腿部运动(4×8拍)

(1)第1个八拍

第一拍:两脚开立,下蹲,两手叉腰。

第二拍:左小腿后踢一次(图7.64)。

图7.63

图7.64

第三至四拍:重复第一至二拍动作,但方向相反。

第五至八拍:动作同第一至四拍。

(2)第2至4个八拍

动作同(1)。

14)第十四节:跳步运动(2×8 拍)

(1)第1个八拍

第一拍:两脚小跳一次成开立,两臂侧平举,掌心向下(图7.63)。

第二拍:原地小跳一次,同时左脚屈膝侧摆,两手握拳收于腰间,拳心向上(图7.65)。

第三至四拍:动作同第一至二拍,但方向相反。

第五至八拍:重复动作第一至四拍。

(2)第2个八拍

动作同(1)。

15)第十五节:内外勾脚跳(4×8 拍)

(1)第1个八拍

右脚连续小跳8次,同时左腿屈膝,小腿内收,两手叉腰(图7.66)。

图 7.65

图 7.66

(2)第2个八拍

动作同(1),但方向相反。

(3)第3个八拍

动作同(1),左腿屈膝,小腿外展(图7.67)。

(4)第4个八拍

动作同(3),但方向相反。

16)第十六节:**调整呼吸**(4×8 拍)

第 1 至 4 个八拍:重复动作(1)。

17)第十七节:**上肢运动**(4×8 拍)

第 1 至 4 个八拍:重复动作(3)。

18)第十八节:**跳跃运动**(2×8 拍)

(1)第 1 个八拍

第一拍:两脚小跳一次,左脚落地屈膝缓冲成左侧迎风展翅动作(图 7.68)。

第二拍:左脚起跳,两脚落地成并脚,屈膝缓冲;两臂收于体侧(图 7.69)。

第三至八拍:重复第一至二拍动作。

(2)第 2 个八拍

动作同(1),但方向相反。

图 7.67

19)第十九节:**跳跃运动**(2×8 拍)

(1)第 1 个八拍

第一拍:两脚小跳一次,左脚落地屈膝缓冲;同时左臂胸前平屈,右手叉腰(图 7.70)。

图 7.68   图 7.69   图 7.70

第二拍:左脚起跳,两脚落地成并脚,屈膝缓冲;左臂收于体侧(图 7.71)。

第三拍:两脚小跳一次,左脚落地屈膝缓冲;同时左臂成斜上举。

第四拍:动作同第二拍。

第五至八拍:动作同第一至四拍,但方向相反。

(2)第 2 个八拍

动作同(1)。

20)**第二十节:小跳运动**(4×8 拍)

(1)第 1 个八拍

第一至四拍:左脚开始原地交替后踢小腿跳 4 次,两手叉腰(图 7.72)。

第五至八拍:两脚并拢跳 4 次,同时向右转体 360°,五指分开,立掌,两手做内收外展动作(图 7.73)。

(2)第 2 个八拍

重复动作(1),但方向相反。

(3)第 3 至 4 个八拍

重复动作(1)(2)。

21)**第二十一节:组合跳运动**(1×8 拍)

第一拍:左脚起跳,向后踢左小腿,两臂上举,两手头顶交叉,五指分开,掌心向前(图 7.74)。

图 7.71   图 7.72   图 7.73   图 7.74

第二拍:右脚起跳,向后踢右小腿,两臂侧平举。

第三拍:左脚起跳,向后踢左小腿,两臂腹前交叉(图 7.75)。

第四拍:右脚起跳,向后踢右小腿,两臂侧平举。

第五拍:左脚起跳成开立,左臂肩侧屈,掌置于肩上,右臂斜下举,两手掌向外展(图 7.76)。

第六拍:两脚小跳成并立(图 7.77)。

第七至八拍:动作同第五至六拍,但方向相反。

22)**第二十二节:移动重心运动**(2×8 拍)

(1)第 1 个八拍

第一拍:左脚侧迈一步,重心移动到左脚,右脚尖点地,同时两臂胸前屈,拳心向内(图 7.78)。

图 7.75　　　　图 7.76　　　　图 7.77　　　　图 7.78

第二拍:重心移到两脚间,同时两臂收于体侧。

第三至四拍:动作同第一至二拍,但方向相反。

第五至八拍:重复第一至四拍动作。

(2)第 2 个八拍

第一拍:重心移动到左脚,右脚尖点地,右臂前平举,左臂侧平举(图7.79)。

第二拍:重心移到两脚间,同时两臂收于体侧。

第三至四拍:动作同第一至二拍,但方向相反。

第五至八拍:重复第一至四拍动作。

23)第二十三节:前抬腿运动(4×8 拍)

(1)第 1 个八拍

第一拍:左腿屈膝前上抬,两臂斜上举(图 7.80)。

第二拍:左腿收回成并立(图 7.81)。

图 7.79　　　　　　图 7.80　　　　　　图 7.81

第三至四拍:重复第一至二拍动作,但方向相反。

第五至八拍:重复第一至四拍动作。

(2)第2至4个八拍

重复动作(1),最后一拍两臂收于体侧。

7.3.3 臀部瘦小型

臀部瘦小型是指上体看上去粗壮,而下半身显得瘦弱的体型。造成这样的体型,除了遗传的原因外,大部分都因为上肢长期负重或运动过多所致。肩、胸和背部肌群发达,而臀部、腿部肌群发育滞后,使得身体看上去极不协调。为此,解决问题的办法,就是加强下肢的锻炼。

1)练习1:蹲的练习

预备姿势:两脚大开立,两臂前平举,重心在两脚之间(图7.82)。

动作要领:保持重心,慢慢下蹲至最大限度再慢慢起来,两膝向前(图7.83)。

图 7.82　　　　　　　　　　　　　图 7.83

重复次数:6次。

要求:完成动作时要求稍缓、立腰、直背。

2)练习2

预备姿势:站立姿势,两臂自然下垂或手扶物。

动作要领:手扶物,以右脚为主力腿,左腿伸直后举,停止5秒后还原(图7.84)。

重复次数:左右脚各10次。

要求:后举腿时,上体尽量直立,不要前倾。

图 7.84

图 7.85

3）练习3

预备姿势:仰卧,两手扶地,两腿屈膝。

动作要领:臀部夹紧上提,停止 5 秒,落下还原(图 7.85)。

重复次数:20 次。

要求:臀部上升要用力,动作缓慢进行。

4）练习4

预备姿势:跪立支撑,两膝关节并拢。

动作要领:在跪立支撑时,左脚不动,右脚屈膝向侧高抬,然后还原(图7.86)。

重复次数:左右脚各 10 次。

要求:抬起腿时,膝部要尽力往上抬,膝部正对侧面。

5）练习5

预备姿势:跪立支撑,两膝关节并拢(图 7.87)。

动作要领:左腿不动,右腿用力向后上方伸直腿,速度可以缓慢进行,然后收回(图7.88)。

图 7.86

图 7.87

图 7.88

重复次数:左右脚各 5 次。

要求:向后伸直的腿是以脚后跟带动向后上方举。

7.3.4 臀部肥胖型

臀部是人体肌肉分布最多,活动也相对较少的部位,所以也是脂肪最易堆积的部位。臀部肥胖是较常见的,也是众多女性为之烦恼的一个部位。臀部肥胖型的人应从加强臀部的锻炼入手。

1)练习1

预备姿势:俯卧,两手于体后交握。

动作要领:上体和两腿用力上抬,成两头翘的动作(图7.89)。

图7.89

重复次数:连续30次。

要求:膝关节伸直。

2)练习2

预备姿势:俯卧、两臂胸前屈肘撑地,上体尽量立直,腹部着地。

动作要领:一腿用力向上方抬起至最大限度,然后还原成预备姿势,两腿交替进行(图7.90)。

重复次数:20次。

要求:控制身体。

3)练习3

预备姿势:两手体后撑地。

动作要领:腹部向上顶,身体充分伸展成一反弓的斜面,双膝做并膝开膝练习,动作稍缓慢(图7.91)。

图7.90

图7.91

重复次数:20次。

要求:上抬腹部时,臀部要夹紧,不要抬头。

4）练习4

预备姿势:跪撑,右脚伸直后点地(图7.92)。

图7.92　　　　　　　　　　　　　　图7.93

动作要领:左腿不动,右腿向后快速大踢腿,然后还原(图7.93)。

重复次数:左右脚各10次。

要求:后踢时,要蹋腰、抬头、两臂不弯曲。

本章小结

通过本章的学习,对不良体型的常见种类有了了解,明确了不良体型的形成原因,同时也掌握了较全面的纠正方法,为塑造完美体型,进一步树立终身锻炼、终身塑形的理念提供了有力的理论和实践方面的支持。

思考题

1.青少年容易出现哪些不良体态?

2.如何纠正不良腿型,请说出两种以上的练习方法。

3.瘦型和肥胖型有哪些塑身方法?

■■ 第8章
服装和佩饰与形体的关系

【本章导读】

本章介绍了服饰的修饰作用、色系的搭配以及不同场合的服饰要求,对于即将走上工作岗位的中职学生,掌握本章知识能够为将来职业形象的塑造打下良好的基础。

【关键词】

型　修饰　系　搭配

服装和佩饰通称服饰。服饰美是通过着装和装扮的手段,对人体进行修饰和美化,从而达到人的整体美。服饰是形体美的外延。

8.1　服装与形体的关系

8.1.1　服装对形体的影响

服装与人体体型具有唇齿相依、鱼水不分的关系。人的形体是服装款式的源和本,也是服装的载体,充分了解人体的形态,是进行服装款式选择的前提条件。服装是因人存在的,也是为人服务的。人体形态千差万别,要根据不同的体型特征进行服装的选择,使服装在满足实用功能的基础上密切结合人体的结构特征,扬长避短,充分体现人体美。服装款式是以人体形态为基础进行选择的,纵然款式千变万化,最终还是要受到人体形体的局限。它的起点是人,终点仍是人,人是其款式紧紧围绕的核心。

8.1.2　不同体型对服装的要求

人的体型千差万别,但是,基本上可归纳为四种类型:"X"型、"V"型、"A"型、"H"型。

①"X"型体型:这是一种比较标准完美的体型。无论穿哪种款式的服装,都显得匀称、协调、优美(图 8.1)。

图 8.1

②"V"型体型:上身胸部及肩胛宽厚、胳膊粗,相形之下,下身显得消瘦。着装时要避免别人的注意力只集中到上身。要选择深色、碎花、简洁的上衣,以缩小上身的宽厚感,再配以浅色多褶的裙子或宽松袋状的裤子以扩张下身,从而使整体和谐(图 8.2)。

图 8.2

③"A"型体型:重量集中在腰部以下,臀部宽大,大腿显得粗壮,相比之下,上身显得单薄。着装时要注意选择浅色宽松型的上衣,以增加上身的宽厚度,再配以直筒裤或裙子来削弱下身的粗壮感(图 8.3)。

④"H"型身材:上下平直,腰身粗壮,缺少曲线美感。着装可选择直线条色彩对比强烈的上衣配深色长裤或牛仔裤,再系上一条黑色宽皮带就会显出腰身,

图 8.3

使人的形体轻巧、洒脱(图 8.4)。

图 8.4

8.1.3　脸型对领口的要求

①方脸和圆脸型：不宜穿与脸型相同的领口衣服,更不宜穿高领口或带有帽子的衣服；最好穿"V"型领或勺型领翻领衣服,可佩戴耳坠或者小耳环(图 8.5)。

图 8.5

②粗颈：不宜穿关门领式或窄小的领口和领型衣服；不宜佩戴短而粗的紧围

在脖子上的项链或围巾,适合用开门式领型,但不要太宽或太窄(图8.6)。

图 8.6

③短颈:不宜穿高领口衣服;不宜戴紧围在脖子上的围巾;适宜穿敞领、翻领或者低领口的衣服(图8.7)。

图 8.7

8.2　佩饰与形体的关系

8.2.1　佩饰的种类

人体的佩饰是指能够起到装饰作用的物件,如耳环、围巾、腰带等。

佩戴时应遵循以下原则:饰物的佩戴要顾及人体本身的因素,与体型、脸型、肤色及服装和谐。饰物的佩戴还要考虑所处的场合和活动的内容。如上班、旅游时要少佩戴珍贵的饰物;出席宴会、舞会时应佩戴漂亮、醒目的饰物;吊唁时只能戴结婚戒指、珍珠项链及素色饰物。女性的饰物种类繁多,选择范围较广,要考虑人、环境、心情、服饰风格等诸多因素间的关系,力求整体搭配协调。遵守以少为佳、同质同色、符合身份和传统习俗。

8.2.2 佩饰的修饰作用

饰物是服装的附加物,主要起到画龙点睛的美化作用。好的修饰可以弥补人脸型、体型的不足,使人看上去比例更加和谐;更加有朝气、睿智与干练。但若搭配不当反而弄巧成拙、杂乱无章。

1)耳环的修饰作用

在种类繁多的女性饰物中,耳环可以说是使用频率最高的装饰品之一。耳环的搭配,自然离不开脸型。脸型是选择耳环的依据,因此要遵循一条原则——耳环的形状要避免与脸型重复,也不可以与脸型极端相反。耳环对脸型要起到一种平衡作用。

①圆脸型:脸部显得过于丰满。适宜佩戴各种款式长而下垂的方形、三角形、水滴形、耳坠、纤细的"I"形耳环,塑造出长度增加、宽度减少的效果,使得脸型显得修长(图8.8)。

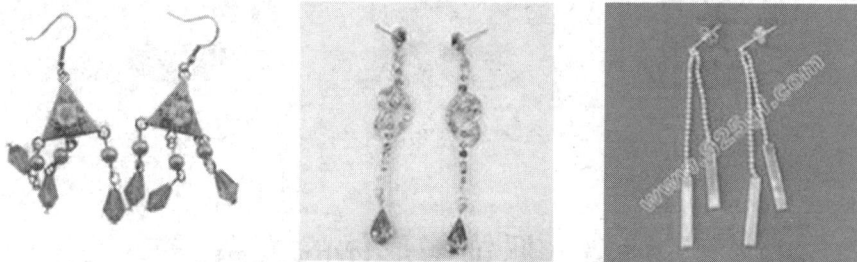

图 8.8

②方脸型:脸型棱角分明成方形。适宜佩戴竖向长于横向的弧形设计的长圆形或圆形耳环,如长椭圆形、弦月形、新叶形、单片花瓣形等能够帮助减少棱角感的耳环,可以增加脸部的长度,缓和脸部的角度(图8.9)。

图 8.9

③长脸型:脸型偏长,适宜佩戴紧贴耳朵的圆形耳环或大的耳环来调节脸部形象,增加脸的宽度,使脸部丰满动人(图8.10)。

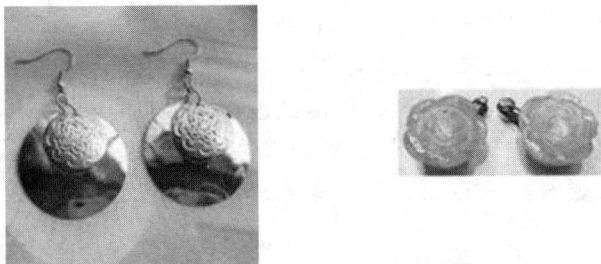

图 8.10

④瓜子脸:脸型下小上大,酷似瓜子。这种脸型几乎所有的耳环都可以佩戴,尤其以扇形、水滴形、葫芦形耳坠更显妩媚,因为此类"下缘大于上缘"的耳环,可以增加瓜子脸女性下巴的分量,让脸部线条看上去更直润。

⑤菱形脸:脸型呈中间宽,上下窄。这种脸型适宜佩戴"下缘大于上缘"的耳环,如水滴形、栗子形等(图8.11)。

图 8.11

⑥三角脸:即上尖下方脸型。适宜佩戴"下缘小于上缘"的耳环,能达到平衡下颚宽度,使脸部线条柔和的效果。需要注意的是,这种脸型的女性如果要佩戴有坠子的耳环,要特别注意坠子的长度,避免不长不短的结束在下颚,因为坠子长度结束的地方,就是人们眼光停驻的焦点。

⑦其他:脸型较大的女性不宜佩戴圆形的耳环,但适宜佩戴较大一些的几何形耳环,佩戴时要紧贴耳朵,也可以佩戴三角形耳环以减少脸型的宽润感;脸型较小的女性,宜用中等大小的耳环,但长度以不超过 2 厘米为佳;脖子太短或太长的女性,都不适宜佩戴长坠子的耳环来暴露脖子的缺点。

2)围巾的修饰作用

围巾已经成为点缀服饰的一部分,围巾如女人,各有性情。每个人在使用围巾时,应该根据个人的气质、胖瘦、身材、着衣等多方面来选择,从而达到扬长避短、美观大方的效果。围巾如果搭配得好,可以使全身的点睛之处落在脖颈间。

①体型身材适中者:颈部修长,应佩戴色彩艳丽的围巾。在图案上,可以选择大朵花卉,宽大的格子,散点式,或者抽象色块的组合拼接。这样的围巾围起来,使人看上去更加有朝气、睿智与干练(图8.12)。

图 8.12

②身材苗条者:选有张力的橙色、柠檬黄色、果绿色。适合用蓬松、有大花图案的围巾,来增强身体的动感。在人群中起到醒目的作用(图8.13)。

图 8.13

③体型略为丰满者:颈部不长,在穿无领毛衫时,配一条色调柔和、小碎花形的围巾会很合适;在穿高领毛衫时,就不配小方巾,而是配一条垂下至胸前的长纱巾。做到色彩不选过于明亮的,而是纯度低的紫色、深宝石蓝色、墨绿色、褐色等(图8.14)。

④身材修长胸部平坦者:应选择一些质地稍具松软感的丰厚性图案且大花图案的围巾,以对称悬搭前胸为佳,这样可使胸部显得丰满,体现出线条美(图8.15)。

图 8.14

图 8.15

⑤脸部较胖者：可以选择细条纹或小花图案的围巾，切忌大花大格。颜色可以选择深绿色、深蓝色、黑色、褐色、紫色等。如果体胖而胸围偏大者，应选设计简单的深色或单色宽松型针织围巾或丝绸围巾（图 8.16）。

图 8.16

3）腰带的修饰作用

纤柔的女性腰部，是人体最具魅力的曲线之一。从上古时代，人类就知道用腰带来装饰服装。腰带被称为"服装的彩虹"。闪光的皮带或腰链，使整个服饰有了生命感和韵律感，效果更为动人。腰带要配合身型，才有相得益彰的效果。

①纤小的腰肢：戴用任何类型的腰带，都会好看。佩细腰带营造青春风貌，

显得典雅、庄重、淑女味十足。佩宽型腰带展露个性、动感时尚(图8.17)。

图 8.17

②腰略粗者:要避免阔边的腰带。因为佩戴或多或少都增加腰围的地方,在视觉上上身便拉长。细腰带使腰线提高,凸显腰部曲线(图8.18)。

图 8.18

③上身躯干长,腰身也长者:可用阔边皮带强调腰部,颜色配合上身的衣服。如要用细腰带,最好用两条(图8.19)。

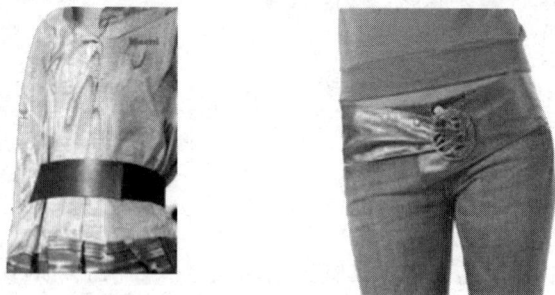

图 8.19

④臀部宽者:避免用细腰带或阔腰带,应选一条宽度适中的皮带。形式简单

优雅,新潮古怪的腰带不宜佩戴(图 8.20)。

图 8.20

⑤高个者:选一条宽度适中的皮带会有理想的效果(图 8.21)。

图 8.21

⑥矮小者:要小心选择腰带,不适合宽腰带,它会显得没有腰身,看上去更矮。颜色最好与外衣相同,款式愈简单愈好(图 8.22)。

图 8.22

8.3　色彩与社交的关系

8.3.1　亮色系

色彩中的亮色包括蓝、绿、红、黄、紫等颜色。

1)蓝色

蓝色是一种比较柔和、宁静的色彩,是灵性、知性兼具的色彩。蓝色对人的眼睛的刺激作用较弱,在色彩心理学的测试中发现几乎没有人对蓝色反感。明亮的天空蓝,象征希望、理想、独立;暗沉的蓝,意味着诚实、信赖与权威。正蓝、宝蓝在热情中带着坚定、智慧与深远;淡蓝、粉蓝可以让自己、也让对方完全放松、平和。蓝色在美术设计上,是应用度最广的颜色;在穿着上,同样也是最没有禁忌的颜色,只要是适合你"皮肤色彩属性"的蓝色,并且搭配得宜,都可以放心穿着。想要使心情平静时、需要思考时、与人谈判或协商时、想要对方听你讲话时,都可穿蓝色。

2)绿色

绿色是一种清爽、宁静的色彩,给人无限的安全感受。绿色能使人想到青春、活力与朝气,象征着生命与和平。它能使穿着者更显年轻、更加朝气蓬勃。黄绿色给人清新、有活力、快乐的感受;明度较低的草绿、墨绿、橄榄绿则给人沉稳、知性的印象。绿色的负面意义,暗示了隐藏、被动,不小心就会穿出没有创意,所以在搭配上需要其他色彩来调和。绿色是参加任何环保、动物保育活动、休闲活动时很适合的颜色。

3)红色

红色是最能引起人们的兴奋和快乐情感的色彩,象征热情、性感、权威、自信,是个能量充沛的色彩,全然的自我、全然的自信、全然的要别人注意你。红色对人的感官刺激作用十分强烈。它使人联想到鲜血和生命、太阳和火焰;它象征热烈、活泼、浪漫与火热;它使穿着者更显朝气、青春与活力。在我国,红色还是革命与幸福的象征,我们的旗帜大多是红色的,喜庆环境的布置也多以红色为主调。不过有时候会给人血腥、暴力、忌妒、控制的印象,容易造成心理压力,因此与人谈判或协商时则不宜穿红色;预期有火爆场面时,也请避免穿红色。当你想要在大型场合中展现自信与权威的时候,可以让红色单品助你一臂之力。

4)黄色

黄色是明度极高的色彩,是一种过渡色。它能使兴奋的人们更兴奋,活跃的人更活跃,同时,它也能使焦虑、抑郁者更抑郁。黄色对人的感官刺激作用也十分强烈,能刺激大脑中与焦虑有关的区域,具有警告的效果,所以雨具、雨衣多半是黄色。艳黄色象征信心、聪明、希望,在中国几千年的历史中,黄色曾一直是权力的象征,尤其是皇权的象征,曾被视为封建皇帝专用的色调。淡黄色显得天真、浪漫、娇嫩,艳黄色则有不稳定、招摇,甚至挑衅的味道,不适合在任何可能引起冲突的场合如谈判场合穿着。黄色适合在任何快乐的场合穿着,譬如生日会、同学会;也适合在希望引起人注意时穿着。

5)紫色

紫色是优雅、浪漫、华贵并且具有哲学家气质的色彩。紫色的光波最短,在自然界中较少见到,所以被引申为象征高贵的色彩。在封建社会,紫色能给人以富丽堂皇、高雅脱俗的感觉,是高贵和财富的象征。所以常被达官贵人所选用。于是,历史上曾用"紫色门弟"指称达官贵人的家庭。淡紫色的浪漫,不同于粉红小女孩式的,而是像隔着一层薄纱,带有高贵、神秘、高不可攀的感觉;而深紫色、艳紫色则是魅力十足、有点狂野又难以探测的华丽浪漫。若选择的时间、地点和会面人的熟悉程度不对,穿着紫色可能会造成高傲、矫揉造作、轻佻的错觉。当你想要与众不同,或想要表现浪漫中带着神秘感的时候可以穿紫色服饰。

8.3.2　暗色系

暗色包括灰、褐、黑色。

1)灰色

灰色是一种柔弱、平和的色彩,象征诚恳、沉稳、考究。它给人以平易、脱俗、大方的感觉,是服装色彩中最文雅、最能给人以平易近人印象的色彩之一。灰色总体给人庄重、大方、朴实和可靠的感觉。其中的铁灰、炭灰、暗灰,在无形中散发出智能、成功、强烈、权威等信息;中灰与淡灰色则带有哲学家的沉静。当灰色服饰质感不佳时,整个人看起来会黯淡无光、没精神,甚至造成邋遢、不干净的错觉。灰色在权威中带着精确,特别受金融业人士喜爱;当你需要表现智能、成功、权威、诚恳、认真、沉稳等场合时,可穿着灰色衣服现身。

2）褐色

褐色是典雅中蕴含安定、沉静、平和、亲切等意象的色彩。给人情绪稳定、容易相处的感觉。当需要表现友善亲切时可以穿棕褐、咖啡色系的服饰，例如：参加部门会议或午餐汇报时、募款时、做问卷调查时。当不想招摇或引人注目时褐色、棕色、咖啡色系也是很好的选择。没有搭配好的话，会让人感到沉闷、单调、老气、缺乏活力。

3）黑色

黑色是一种庄重、肃穆的色彩。它能使人产生凝重、威严、阴森、恐怖等不同感觉。黑色既可象征沉着、深刻、庄重与高雅，也可以代表哀伤、恐怖、黯淡与恫吓。能象征权威、低调、创意，也意味着执著、冷漠、防御。当然具体表现形式还要视服饰的款式与风格而定。黑色为大多数主管或白领专业人士所喜爱，当你需要极度权威、表现专业、展现品位、不想引人注目或想专心处理事情时，可以选择穿黑色。

8.3.3 不同肤色与色彩的搭配

不同的肤色有与之相协调的色彩，巧妙的色彩搭配可以给人一种焕然一新的感觉。在现实生活中我们会发现：有的颜色会使人的皮肤显得更黄、更黑，会使人显现出身心病态；有的颜色则能使人的皮肤显得红润、白皙、有光泽，会使人显得健康神气、朝气蓬勃。"人是桩，靠衣裳"，在很大程度上靠的就是服装的色彩。由于中国人的皮肤显黄色，因此，中国百姓服装长期崇尚蓝色，这是与蓝色能将黄色皮肤烘托得更加明亮，更显白皙分不开的。

1）白皙雪人型

这样的女性选择服装时范围较广。如穿淡黄、淡蓝、粉红、粉绿等淡色系列的服装，都会显得格外青春，柔和甜美；如穿上大红、深蓝、深灰等深色系列，会使皮肤显得更为白净、鲜明、楚楚动人。如果肤色苍白，则不宜穿冷色调，否则会越加突出脸色的苍白。苍白肤色的人最好穿蓝、黄、浅橙黄、淡玫瑰色、浅绿色一类的浅色调衣服。

2）黝黑健康型

皮肤黝黑的人，宜穿暖色调的弱饱和色衣着。亦可穿纯黑色衣着，以绿、红和紫罗兰色作为补充色。这种类型的女性可选择3种颜色作为调和色即：白、灰和黑色。主色可以选择浅棕色。紫罗兰配上黄色、深绿色或是红棕色，深蓝色配上黄棕色或深灰色，都可以。此外，略带浅蓝、深灰二色，配上鲜红、白、灰色，也是相宜的。穿上黄棕色或黄灰色的衣着脸色就会显得明亮一些，若穿上绿灰色的衣着,脸色就会显得红润一些。此外,诸如绿、黄橙、蓝灰等色亦可。

如果皮肤较黑,那么衣着主色最好采用冷色,装饰色可采用较暖的颜色。此类女性衣着以深紫、灰绿、棕红、棕黄以及黑色为佳。如果以黑色作为主色,那么装饰色宜采用紫罗兰色、黄灰色或灰绿色。作为黄灰色的补色,可采用紫罗兰色。作为蓝灰色的补色可采用浅棕色。作为绿灰色的补色,可采用樱桃色。此外,黄棕色的补色是灰紫。红棕色的补色,则是灰绿。装饰色一般可采用白色和黑色。

3) 黄色金贵型

东方人的皮肤大都呈黄色,有一种被阳光照射的美感。这种肤色应尽量少穿绿色或灰色调的衣服,这样会使皮肤显得更黄,甚至会显出"病容"。适合穿粉色、橘色等暖色调服装。面色偏黄的女性,适合穿蓝色或浅蓝色的上装,它能衬托出皮肤的洁白娇嫩。

4) 小麦型

拥有麦色肌肤的女性会给人健康活泼的感觉,黑白这种强烈对比的搭配与麦色肌肤非常搭配,深蓝、炭灰等颜色沉稳的色调,以及桃红、深红、翠绿这些鲜艳的色彩最能突出开朗的性格。黑白搭配,可以把肌肤衬托得很美丽;而穿着深蓝色的衣服,则能显得沉静,稳重;翠绿色、桃红等颜色可以彰显你开朗的性格,把肌肤衬托得也更漂亮。

5) 红嫩型

如果脸色红嫩,可采用非常淡的丁香色和黄色,不必考虑何者为主色。这种脸色的女性可穿淡咖啡色配蓝色,黄棕色配蓝紫色,红棕色配蓝绿色以及淡橙黄色、灰色和黑色等。面色红润的黑发女子,最宜采用微饱和的暖色作为衣着,也可采用淡棕黄色、黑色加彩色装饰或珍珠色,用以陪衬健美的肤色。黄色镶黑色的衣着对这类最为相宜。不宜采用紫罗兰色、亮黄色、浅色调的绿色、纯白色。因为这些颜色,能过分突出皮肤的红色。此外冷色调的淡色如淡灰等也不相宜。如果用蓝色或绿色,那就应采用饱和程度最大的色。

6) 银灰色型

如果皮肤发灰,那么衣着的主色应为蓝、绿、紫罗兰色、灰绿、灰、深紫和黑色。蓝灰色可用深棕色作为补色;紫灰色可以用黄棕色作补色;绿灰色可用微红色作补色;紫色可用灰黄作补色。这种肤色女性绝对不能采用白色衣着,哪怕作装饰色也不行。

7) 深褐色型

皮肤色调较深的人适合一些茶褐色系,令你看起来更有个性。墨绿、枣红、咖啡色、金黄色都会让你看起来自然高雅,相反,蓝色系则与你格格不入,最好别穿蓝色系的上衣。墨绿色衣服和淡紫色衣服搭配可以调和你的肤色,枣红色衣服让你的肌肤看起来很健康,咖啡色把肤色衬托得很自然、柔和。

8.3.4　色彩的搭配

现代服装很少是由单一色彩构成的,而是由许多色彩相互交错、辅助、点缀等方式搭配而成的。经搭配后的色彩所引起的观察者的心理效应,会较单色有明显不同。服装色彩的搭配是很有学问的。色彩搭配的基本方法有 3 种,即:主辅色搭配法;同色搭配法;相似色搭配法。

1)主辅搭配法

这是以一种色彩为整体或整套着装的基调或主调,再适当辅之以一定的其他色彩的搭配。运用这种搭配法首先应充分考虑主辅关系,不能"喧宾夺主";其次,要考虑主辅色调的对比效果,既要鲜明,又不要太刺眼;再次,辅助色彩的位置安排要充分顾及自己体型、长相的优势,要考虑扬长避短,以达到画龙点睛之妙。

2)同色搭配法

这是把同一种颜色按深浅不同进行搭配,以造成一种统一、和谐的审美效果的方法。如浅灰色的上衣与深灰色的裤子相配,就属于同色搭配。同色搭配法应掌握的原则是同色间的过渡平稳、自然,不要太生硬,明度差异不要太大,以免给人以断裂失衡的感觉。如果差异较大,可在中间选择一种明度适中的色彩让其传递、过渡。

3)相似色搭配法

这是指用色谱上相邻的颜色进行搭配的方法。如,橙配黄、蓝配绿、白配灰等,就属于相似搭配。相似搭配由于富于变化,色彩差异较大,服装更显活泼与动感。但是搭配的难度也更大,讲究也更多,弄不好会给人"太不和谐"的感觉。因此,要认真考虑色彩的明度差异以及纯度变化,尽量满足自己及公众的审美需要。

当然,肤色与衣服色彩的搭配并无什么教条。我们在实际生活中应通过反复的观察比较,找准适合自己的,能完整表现自己肤色健康美的上衣主色调。在这一问题上,很多人最大的缺点是不能放弃自己的思维定势和色彩选择行为定势,总是认为某种颜色最适合自己,其实,也许实际效果并不如此。因此,我们有时候要敢于突破自己多年来划定的色彩框架,大胆地尝试,多听听他人的评价与忠告,才有可能选出既是自己喜欢,更是公众喜欢的服饰色彩。

8.4　不同场合对服饰的要求

8.4.1　正式场合服饰要求

1）当我们应场合之需来表达正统、理性、庄重的时候

在色彩方面，应该尽量使用无色彩或中性色中的黑白灰蓝啡，来收敛整体形象，表现权威感和影响力；着装款式上，要摒弃烦琐，张扬品质；饰品的数量和形状大小也要有所控制。

套裙：裙式服装最能体现女性的魅力，恰到好处的裙子能充分显示女性的美感与气质。作为职业女性，其工作场所的着装有别于其他场合的着装，尤其代表着一个企业、一个组织形象时，更要追求大方、简洁、纯净、素雅的风格。蓝色套裙一般是学校和公司制服中使用得最广泛的一种服饰，尤其是深蓝色。职业套裙的最佳颜色为黑色、藏青色、灰褐色、灰色和暗红色，精致的方格、印花和条纹也可以接受。穿着红色、黄色或淡紫色的两件套裙要小心，因为它们的颜色过于抢眼。亚洲人是很适合黑色衣服的，因为黑色不但可以掩饰缺点之外，还可以使体型看起来纤细一点，使皮肤看起来显得白一些。像粉红、粉蓝、火黄、草绿则更能显示女性的柔美气质（图8.23）。

旗袍：旗袍有各种不同的款式和花色。紧扣的高领、贴身、衣长过膝、两旁开衩、斜式开襟，这些是旗袍的特点。在礼仪场合穿着的旗袍，其开衩不宜太高，应到膝关节上方一至两寸为最佳，着旗袍可配穿高跟鞋或半高跟皮鞋，或配穿高级面料、制作考究的布鞋（图8.24）。

图8.23　　　　　　　图8.24　　　　　　　图8.25

西装:西装是男服常见的款式,它能显出成熟、自信,适合于各种年龄的人。穿西装要注意仪表,不要弯腰驼背、精神不振,否则适得其反。体型高大的人,着双排扣西服显得魁梧,而体型一般或瘦小的人,穿单排扣西装则显得简洁俊美。服装的色彩在三色甚至同一色彩的范围内,先西装、次衬衫、后领带,领带色彩最浅,衬衫次之,西装颜色最深,即由深入浅搭配服装(图 8.25)。

2)当我们应场合之需来表达喜庆的时候

在这种时候,色彩上要求明艳,喜庆程度越高色彩甚至可以过度到大红大绿;款式上也可以采用复合、叠加、繁荣昌盛的样式;饰品的数量适度增多,相对而言越大、越光亮,越体现喜庆的气氛。

参加晚会、宴会的服装与日间礼服略有区别,就质料而言,应以线、丝绒、雪纺纱和缎之类最为适宜。这些轻软而富有光泽的衣料,最能衬托出女性的高雅、窈窕的身姿;而毛、棉织的衣料则稍显笨重、光泽也较差一些,不适宜于晚会、宴会穿着。颜色以黑白最佳,红色、蓝色等纯色也可以选择,因为纯色可以更好地显示女性的身段,易给人以端庄之感(图 8.26)。

图 8.26

8.4.2　聚会服饰要求

1)朋友聚会

闲暇时间朋友相聚,一身放松的服装更能拉近彼此的距离。浅色调是色彩的首选,淡淡的色调,远离工作与学习的僵硬与严肃,给朋友留下好的印象。浪漫、灵动的款式会带来淑女气氛。如:白色短线开衫、过膝筒裙、蝴蝶结的腰带、宽大的金属环裙链等(图 8.27)。

图 8.27

2)商务聚会

应选择高雅、端庄,与正式场合相吻合的服饰,男士也可着燕尾服。

3)休闲

人们出行、郊游,渴望的是自由放松的生活,休闲装已经成为它最佳的装扮。

①休闲装:休闲装一般都选用耐用、舒适、易整理的面料,色彩多样,可以鲜艳,也可平和。在款式上搭配较为多样,如用休闲的小背心搭配简洁的牛仔裤,就是一幅动感十足的画面;而质感柔软的短上衣搭配休闲裤,就会给人一种清闲隽永的感觉(图 8.28)。服装款式的混搭,加上面料、颜色的相互冲击,让人感受现代服饰的多样。而会打扮的人用最普通的东西,只要搭配得当,也会让人感觉与众不同。一条时髦的腰带,会让腰身突显,再配上可以修出漂亮腰线的短外套,更显身姿的窈窕;而围巾与休闲装的完美结合则更能显示女性的优雅和时尚,可以让人感觉更青春,更充满活力。

图 8.28

②运动装与休闲装:它们在某种程度上是互通的,同样的,这两种服装也不怕会"撞衫",因为这两种服装会随着穿着的人的不同而改变给人的印象,相信运动装与休闲装的搭配,更适合充满活力的行程。而运用小小的配饰或是不同

的搭配方式,更会突显出你的个性(图8.29)。

图 8.29

本章小结

通过本章的学习,了解了服饰与形体的关系,掌握了通过形状款式的改变弥补人体比例不匀称的技巧,同时学会通过色彩的变化,来塑造个性,改变形体,达到美化人体的效果。

思考题

1.不同体型服装如何搭配?

2.针对你自己的肤色选择四季服装色彩。

3.如何在校庆、学校运动会、实习面试等场合选择服装?

第9章
导游服务中常见的舞蹈

【本章导读】

　　舞蹈的种类很多,本章简单介绍了一些舞蹈的特点和动作,目的是让学生了解、掌握部分特色舞蹈(特别是民族舞)的基本舞步、步伐和动作基本韵律的特点,这对从事导游专业的学生具有积极的意义。

【关键词】

　　民族舞　现代舞　交谊舞

　　舞蹈是一种人体动作的艺术,以人体动作为主要表现手段,表现人们内在的精神世界,反映生活的审美属性。舞蹈活动中,一般都要有音乐的伴奏,要穿特定的服装,有的舞蹈还要手持各种道具,如果是在舞台上表演,灯光和布景也是不可缺少的。因此,也可以说舞蹈是一种空间性、时间性和综合性的动态造型艺术。舞蹈的种类很多,一般分为民族舞和现代舞,下面简单介绍几种常见的民族舞和现代舞。

9.1　民族舞

9.1.1　傣族舞

　　傣族舞蹈是一种具有独特风韵的民间舞蹈。傣族舞蹈优美恬静,感情内在含蓄,手的动作丰富,舞姿富于雕塑性,四肢及躯干各关节都要求弯曲,形成特有的"三道弯"造型,具有注重向下均匀颤动的南亚特征。傣族舞蹈最具代表性的是孔雀舞和戛光舞。孔雀舞多在盛大节日或隆重的集会时跳,有专门的服饰与道具。戛光舞是以象脚鼓、锣、大镲等为伴奏乐器,集中在鼓的周围跳的自娱性舞蹈,不拘场合,不拘形式,男女老少都可参加,是傣族舞蹈中流行最广、最具特色的舞蹈形式。

基本动作:

1)平步手托腮

①第一拍:右脚侧点地,右膝内扣,向左侧顶胯,右臂斜后下举,左手托腮(图9.1)。

②第二拍:原地踏右脚,顶右胯,左腿屈膝后踢,右臂斜前下举(图9.2)。

图9.1   图9.2

③第三至四拍:重复①②动作。

2)摊掌

预备姿势:两臂胸前平屈重叠,身体直立,两眼平视(图9.3)。

①第一至二拍:右脚原地踏一步,左腿屈膝后踢,左臂胸前平屈,右小臂外展,掌心向上(图9.4)。

②第三至四拍:动作同①,但方向相反(图9.5)。

图9.3   图9.4   图9.5

3）推手踏步

①第一拍：右脚原地踏一步，左腿屈膝后踢，两臂屈肘置于腰间，两手半握拳（拳心向上，大拇指伸直）（图9.6）。

②第二拍：左脚原地踏一步，右腿屈膝后踢，两手经腰间立掌向胸前推出（图9.7）。

4）推手立掌

预备姿势：两脚开立。

第一拍：左脚原地踏一步，膝关节屈伸一次，两手腰部握拳，拳心向上。

第二拍：重心移至左脚，右脚脚尖点地，膝关节屈伸一次，同时手由腰间向右侧方向推掌，成右臂微屈手立掌，左臂肘外展腰部侧屈手压掌（图9.8）。

图9.6　　　　　图9.7　　　　　图9.8

5）孔雀造型

①第一至二拍：半蹲，向左顶胯，右臂屈肘置于脑后，右手为孔雀手势，左臂侧微弯肘立腕，头转向8点，眼睛看左下方（图9.9）。

②第三四拍：向右顶胯，左臂向右后摆，头转向2点，眼睛看右下方（图9.10）。

图9.9　　　　　　　　图9.10

9.1.2 藏族舞

藏族舞蹈是具有藏族传统文化和悠久历史的舞蹈,它种类繁多,风格多样。藏族舞蹈可分为民间歌舞和宗教舞蹈两大系统,具体分为谐、卓、噶尔和羌姆四类。

谐,即圆圈舞,是流传在广大农牧村镇的自娱性集体歌舞,其主要形式有呆谐、呆卓、堆谐。呆谐即圆圈舞,步伐所实稳健,节奏鲜明,劳动气息浓郁,长与抒发欢快热泪的情绪。呆卓俗称锅庄,舞蹈动作有力,舞姿矫健奔放,有模拟禽兽的动作,地区风骨突出。

卓,泛指表演性很强的集体舞,表演形式大体分三段:第一段是纯舞;第二段是徒歌;第三段是边击鼓边歌唱;最后以施拜礼揖结束。

噶尔,意为专业性的表演歌舞,是具有民族特色的宫廷舞蹈。

羌姆,主要指喇嘛的跳神。舞蹈多由拟兽舞,法器舞混杂而成的,表演时,没有歌唱,气氛庄严肃穆。

基本动作:

1)垂肩

两臂自然下垂,向下自然垂肩(图9.11)。

2)扶胯

两手扶于腹前胯部(图9.12)。

3)单背袖

一手扶胯,另一臂的肘于腰间,小臂成屈举(图9.13)。

图9.11   图9.12   图9.13

4)退踏步前后摆袖

预备姿势:自然站立。

①第一拍:右脚后退半步,脚掌落地,两腿屈伸一次,右臂向前摆,左臂向后摆(图9.14)。

②第二拍:两臂自然下垂,右脚还原,两腿屈伸一次(图9.15)。

图9.14　　　　　　　　　图9.15

5)三步一靠单臂撩袖

预备姿势:自然站立。

①第一拍:

前半拍:左膝稍弯,右小腿后踢,双臂侧平举(图9.16)。

后半拍:右脚侧迈一步,右膝稍弯,左脚拖步,左臂向下划动,右臂斜上举(图9.17)。

②第二拍:

前半拍:左脚向右脚前迈一步,身体经右转向4点方向。

后半拍:左臂经下成斜前上举,右臂斜下举,重心移到左脚上,右脚大姆趾点地。

③第三拍:

前半拍:右脚侧迈一步,身体转向1点。

后半拍:身体转向8点,重心移到右脚上,左脚大姆趾点地,同时左臂斜前上举,右臂侧平举(图9.18)。

④第四拍:左脚收于右脚足弓处,脚跟着地,两膝伸直,同时左手在头上方撩袖,右臂侧平举,眼睛看向8点(图9.19)。

图9.16　　　　　图9.17　　　　　图9.18　　　　　图9.19

9.1.3 白族舞

白族舞是白族人民根据自己民族特点,在喜庆、节日、劳作、收获、祭祀活动中跳的舞蹈,舞蹈主要以"霸王鞭""八角鼓""双飞燕"等道具性舞蹈为主。

基本动作:

1)基本步

①第一至二拍:面向3点,右脚全脚踏地两次。左脚随右脚的踏步自然屈膝两次,两臂于体侧屈伸肘两次(图9.20)。

②第三至四拍:面向7点,其他动作同①,但方向相反。

2)双甩花

①第一至二拍:两膝屈伸三次,两臂右前侧平举,手腕做3个腕花,最后一个腕花用力向外甩出(图9.21)。

②第三至四拍:两臂左前侧平举,其他动作同①(图9.22)。

图9.20　　　　　　　　　　图9.21　　　　　　图9.22

3)四相迎

①第一拍:面向7点,左脚向前迈一小步,脚跟着地,同时屈右肘,两手半握拳,右拳摆至胸前,拳眼向内,左臂向身后摆动(图9.23)。

②第二拍:动作同①,但方向相反。

③第三至四拍:面向5点,右脚原地全脚掌踏地两次,左腿屈伸两次,两臂屈伸肘两次(图9.24)。

④第五拍:面向3点,右脚向前迈一小步,脚跟着地,同时屈右肘,两手半握拳,右拳摆至胸前,拳眼向内,左臂向身后摆动(图9.25)。

⑤第六拍:动作同④,但方向相反。

⑥第七至八拍：面向 1 点，左脚前踏两次，右腿屈伸两次，两臂屈伸肘两次（图 9.26）。

图 9.23　　　　　图 9.24　　　　　图 9.25　　　　　图 9.26

9.1.4　彝族舞

彝族舞蹈是一种具有多种形式和风格的舞蹈，均与一定的节日仪式相关，在举行追忆祖先、祈求丰年等祭祀仪式时，彝族人民都要跳舞，其舞蹈气氛庄重、肃穆。彝族舞蹈主要有打歌、披毡舞、打烟盒等。打歌是流传在四川、云南、贵州等彝族地区的自娱性舞蹈，有些地区称为"跳脚""跳乐"，它以下肢动作为主，跳跃、抬腿等动作较多，也有错步、转圈等。大部分用四弦、三弦、笛子等为主要伴奏乐器，多为 2/4、4/4 节拍，各地区打歌风格各不相同，有的连续跳动，起伏明显；有的踏地有声，对脚有力；有的步法轻盈，错步如飞；有的动作纤细、柔和、抒情。彝族舞蹈手部动作较少，有拉手、拍拳、甩臂等。披毡舞是凉山地区特有的舞蹈，舞者身披裹的披毡为道具多表现熊、鹰等形象。烟盒舞流传于云南省石屏、建水等彝族聚居区，其舞姿优美，刚柔相济，动静结合。舞用用月琴伴奏，和着节拍用手指弹烟盒，独具一格。烟盒舞分为正弦和杂弦两类。正弦又称三步弦，多表现欢乐的情绪；杂弦是在正弦的基础上发挥出来的，多表现各种人物与故事情节。

1）基本步

①第一至二拍：左脚侧一小步，脚尖点两次，左膝内扣（图 9.27）。

②第三至四拍：右脚侧一小步，脚尖点两次，右膝内扣（图 9.28）。

③第五至六拍：重复①动作，面向 8 点，两臂斜下举随节奏前后摆动。

④第七至八拍：重复②动作，面向 2 点，两臂斜下举随节奏前后摆动。

图 9.27   图 9.28

2) 单摆裙

①第一至二拍:面向 7 点站立,左手托腮,右手牵裙前后摆动两次,两膝屈伸二次(图 9.29)。

②第三至四拍:重复①动作。

③第五至六拍:左脚侧迈一步,两臂侧绕成左臂斜上举,右臂胸前平屈(图 9.30)。

④第七至八拍:向左顶胯一次后还原(图 9.31)。

图 9.29   图 9.30   图 9.31

3) 双盖手

①第一至二拍:面向 2 点,右脚起踵跳两次,同时左腿屈膝外展,两臂屈肘弯曲,半握拳于胸前,拳眼向内(图 9.32)。

②第三至四拍:面向 8 点,左脚起踵跳两次,同时右腿屈膝外展,两臂经下向外绕环成腹前盖掌(图 9.33)。

4)点肩绕手

①第一至二拍:左脚侧迈一小步,右脚上前一步,脚尖点地,膝盖外展,同时左手后背,右手腕在左肩位置小腕花一次(图9.34)。

②第三至四拍:右脚侧迈一小步,左脚上前一步,脚尖点地,膝盖外展,同时右手后背,左手腕在右肩位置小腕花一次(图9.35)。

图9.32　　　　　　图9.33　　　　　　图9.34　　　　　　图9.35

9.1.5　佤族舞

佤族舞具有古朴、粗犷、热情、奔放的民族风格,舞蹈中带有浓重的原始性和祭祀性。常见的佤族舞有"木鼓舞"和"甩发舞"。"木鼓舞"是祭祀活动中不可或缺的舞蹈;"甩发舞"在旅游场所我们经常能看到,可两人表演,也可以是集体舞,以左右前后猛烈地甩动长发狂舞来充分表现佤族妇女的美丽、成熟和她们豪放、爽朗的性格。舞蹈动作潇洒,柔中有刚,十分具有感染力,给人美的感受。这里主要介绍甩发舞。

基本动作:

1)前后甩

①第一拍:右脚向右斜前方上一步,两臂屈肘斜上举,身体后仰,五指分开,掌心向上(图9.36)。

②第二拍:左脚跟踏一步,两臂甩至身后斜下方,身躯前倾(图9.37)。

2)左右甩

①第一拍:右脚侧迈一步,右臂肩侧上屈;左臂肩侧下屈,两手握拳;同时头向右甩(图9.38)。

②第二拍:左脚原地踏一步,左臂肩侧上屈;右臂肩侧下屈,两手握拳;同时

头向左甩(图 9.39)。

图 9.36   图 9.37   图 9.38   图 9.39

3）迈步前进

①第一拍:面向 3 点站立,两臂屈肘,两手半握拳置于胸前(图 9.40)。

②第二拍:左脚向前迈一步,脚跟着地,左腿伸直,右腿弯曲,同时身体前倾,两臂前斜下举,两手握拳,抬头(图 9.41)。

③第三拍:动作同①(图 9.42)。

④第四拍:动作同②,但方向相反(图 9.43)。

图 9.40   图 9.41   图 9.42   图 9.43

4）奠天造型

预备姿势:面朝 5 点两脚开立,比肩略宽,两手五指分开背于身后(图9.44)。

①第一拍:右臂从右侧甩出成肩侧屈(图 9.45)。

②第二拍:左臂从左侧甩出成肩侧屈(图 9.46)。

③第三拍:上体后仰,掌心向上,指尖向外(图 9.47)。

④第四拍:收回,成预备姿势。

图 9.44　　　　　　图 9.45　　　　　　图 9.46　　　　　　图 9.47

9.2　现代舞

9.2.1　街舞

街舞(Hip Hop)最早起源于美国纽约,是爵士舞发展到 20 世纪 90 年代的产物,它的动作是由各种走、跑、跳组合而成,并通过头、颈、肩、上肢、躯干等关节的屈伸、转动、绕环、摆振、波浪形扭动等连贯起来,极富变化。街舞一般分为两种:一种是个人的技巧街舞;另外一种就是集体街舞。技巧街舞深受青少年的喜爱,它要求舞者具有较高的力量、柔韧性和协调性,能在地面上进行翻滚、倒立、弹跳,属于技巧性较高的体育舞蹈。而集体街舞是以动作协调性和舞感,以及肢体灵活性和控制力见长。

组合动作:

1)第 1 个八拍

①第一拍:左脚向右前方踏一步,双手合掌向左肩上甩(图 9.48)。

②第二拍:动作同第一拍,但方向相反。

③第三至四拍:动作同①②。

④第五拍:左脚侧迈一步,与肩宽,同时屈膝成下蹲姿势,双臂向两侧打开成腰侧屈(图 9.49)。

⑤第六拍:向左顶髋一次,同时左手扶左后髋,右手扶右前髋(图 9.50)。

⑥第七拍:右脚原地踏一步,同时向右顶右髋,重心移到右脚,身体向右侧转。

图 9.48   图 9.49   图 9.50

⑦第八拍:动作同⑥,但方向相反。

2)第 2 个八拍

①第一拍:重心回到两腿间,同时两臂经侧至上举头顶交叉一次。

②第二拍:两臂还原。

③第三拍:右脚脚尖点地,右髋向右上方顶一次,同时右手腰侧屈向身后摆(图 9.51)。

④第四拍:动作同③。

⑤第五拍:右脚向左后退一步,同时双手握拳经腰间侧推成两臂侧平举,两手成掌(图 9.52)。

⑥第六拍:收右脚,两脚与肩同宽,同时双手胸前交叉,手握拳。

⑦第七拍:动作同⑤,方向相反。

⑧第八拍:收左脚,两脚与肩同宽,同时两手掌扶左胯。

图 9.51   图 9.52

3)第 3 个八拍

①第一至二拍:双臂自然张开,以右脚为轴心,向右转体 360°成双脚并拢手下垂。

②第三拍:两臂侧平举。

③第四拍:两臂还原。

④第五拍:两臂上举(图9.53)。

⑤第六拍:两臂还原。左脚后退一步,同时两手扶髋部。

⑥第七拍:右脚侧迈一步,同时向右顶髋一次。左臂经侧向上至上举。

⑦第八拍:向左顶髋一次,同时左手抚摸左侧脸向下还原(图9.54)。

图9.53　　　　　　　　图9.54

4)第4个八拍

①第一拍:向右顶髋一次,同时右臂经侧向上至上举。

②第二拍:向左顶髋一次,同时右手抚右脸后向左侧推出(图9.55)。

③第三拍:向右顶髋一次,同时右臂经前下绕成两臂侧平举(图9.56)。

④第四拍:左脚左后退一步,成右弓步,两手经上举延头两侧下至两臂下垂(图9.57)。

⑤第五拍:左脚还原,左臂前平举(图9.58)。

图9.55　　　　图9.56　　　　图9.57　　　　图9.58

⑥第六拍:向右顶髋一次,同时两手扶右髋。

⑦第七至八拍:双臂自然张开,以左脚为轴心,向左转体360°成两脚并拢手下垂。

9.2.2 肚皮舞

肚皮舞阿拉伯原名为"Raks Sharki"意指东方之舞,因此又称"东方舞蹈"。肚皮舞是非常女性的舞蹈,肚皮舞一般要求赤足,并随着变化万千的快速节奏,摆动腹部,使劲的舞动臂部、胸部。肚皮舞服装通常由三部分组成:露脐小上装、镶有亮片的臀部腰带、低腰裙或灯笼裤。

基本动作:

1)蛇形手臂练习

第一至四拍:右臂以肩、肘为动力点带动手臂经侧至斜上举时翻掌(图9.59)。

图 9.59

2)胸腰练习

预备姿势:双脚同肩宽,左手叉于髋部,右臂侧举成推掌动作。

①第一拍:保持身体直立,下身不动,将胸水平向右推一次(图9.60)。

②第二拍:胸水平向上向前推一次(图9.61)。

③第三拍:胸水平向左推一次(图9.62)。

④第四拍:尽力向后展胸一次(图9.63)。

图 9.60　　　　图 9.61　　　　图 9.62　　　　图 9.63

3)提胯练习

预备姿势:双脚同肩宽,双手自然的放在身体两侧,手臂微弯。

①第一拍:胯向右上提一次(图9.64)。

②第二拍;收腹一次(图9.65)。

③第三拍:胯向左上提一次(图9.66)。

④第四拍:臀部向后向上提一次(图9.67)。

图9.64　　　　图9.65　　　　图9.66　　　　图9.67

9.3　交谊舞

9.3.1　华尔兹

华尔兹以三拍音乐为节奏,舞步每小节有三步,每小节中的第一拍是强拍,其他两拍是弱拍。"蓬嚓嚓"形象地反映了它的舞步特点。华尔兹舞曲轻快、明朗,舞步圆滑、连续不断、此起彼伏,舞者要求身体轻松自然、风度飘逸洒脱。华尔兹因其舞步及音乐的特点成为标准交谊舞之王。

基本动作,已经在第4.2.1中进行了叙述。

9.3.2　布鲁斯

布鲁斯俗称四步,分为慢步和快步。慢步又叫常步,两拍运行一步;快步表现为典型的横并步,一拍运行一步。在自娱跳法中,为适应男左女右的起步习惯和临场即兴变化的需要,形成了一种慢慢快快的固定式节奏。即四步(六拍)一个循环,这也是俗称慢四步的原因。

基本动作:由于结构比较简单,就直接用文字提示,不再附图。慢步用一个英文字母的S(Slow)来表示,快步则用Q(Quick)来表示。

1)左横并步的前进或后退(S,S,Q,Q)

左横并步由两个前进(或后退)的慢步和两个向左侧横移并脚的快步组成。

S:男进左,女退右。

S:男进右,女退左。

Q:男左脚刷过右脚旁,向左横移一步。女右脚刷过左脚旁,向右横移一步。

Q:男右脚向左脚并拢。女左脚向右脚并拢。后退时和前进一样。

2)右横并步的前进或后退(S,Q,Q,S)

由于左右脚的限制,右横并步在节奏上发生了特殊性变化,这步程序和位置也随之变动。

S:男进左,女退右。

Q:男右脚刷过左脚旁,向右横移一步。女左脚刷越右脚旁,向左横移一步。

Q:男左脚向右脚并拢、女右脚向左脚并拢。

S:男进右,女退左。后退与前进相同。请自行练习。

假如我们将这两种舞步连起来,节奏就成为:S,S,Q,Q,S,Q,Q,S。直进或直退意味着慢步,而横向的移动则意味着快步和并脚。

本章小结

本章简单介绍了我国南方的几个少数民族舞蹈,使同学们对少数民族舞蹈文化有一个初步的了解。在现代舞种中,介绍了非常富有动感与活力的街舞和极具异域风情的肚皮舞,为学生提供了更多练习动作协调性和舞感的选择方式。而本章所介绍的交谊舞是人们沟通感情的一种形体语言,是生活的一种情趣。学习交谊舞可以培养人的美感,陶冶人的情操,增进人们之间的友谊。

思考题

1.了解本章所介绍的5个少数民族舞蹈的特点,学习所介绍的基本动作。

2.街舞的起源是什么?有哪些种类?你能自己编排一段街舞吗?

[1] 樊莲香,阿理,汤海燕.形体与形象塑造[M].广州:中山大学出版社,2004.

[2] 国家旅游局人教司.形体训练[M].北京:旅游教育出版社,2006.

[3] 周明,陈敏.女子形体与健美操[M].北京:中国城市出版社,1999.

[4] 冯兆军.形体训练[M].北京:旅游教育出版社,2015.

[5] 迟兴华,吴枫桐.青少年形体美练习[M].北京:北京体育大学出版社,1995.

[6] 吴玮.形体训练[M].大连:东北财经大学出版社,2001.

[7] 常蕙,谭华.形体训练[M].北京:高等教育出版社,2010.

[8] 陈卫业,等.中国少数民族民间舞蹈选介[M].北京:人民音乐出版社,2004.

[9] 刘魁立.民间舞蹈[M].北京:中国社会出版社,2006.

[10] 王克芬,刘恩伯,徐尔充.中国舞蹈词典[M].北京:文化艺术出版社,2005.

[11] 何洁.瑜珈自我修炼手册[M].北京:中国社会科学出版社,2004.

[12] 朱金蝉,等.体育与健康[M].呼和浩特:远方出版社,2005.

[13] 田忠兴.体育与健康[M].北京:高等教育出版社,2001.

[14] 舒培华.家庭实用器械健身法[M].北京:北京体育大学出版社,1996.

[15] 黄宽柔.形体健美与健美操[M].北京:高等教育出版社,1997.

[16] 智慧生活编委会.从头美到脚[M].北京:中国纺织出版社,2011.

[17] 姚明焰,周智杰.形体训练[M].中国劳动社会保障出版社,2014.